「自分から勉強する子」の親の言葉

男子編

和田秀樹

大和書房

「毎日遊んでばかりで、まったく勉強をしようとしない」
「親に言われてしぶしぶ机の前に座るけれども、やる気がないのが明らか」

そんな男の子の姿を見て、気をもんだり、
キツくあたってしまったりするお父さんやお母さんは少なくないと思います。
けれども、ただ「勉強しなさい！」でうまくいくほど子育ては
簡単ではありません。
それは、みなさん自身が一番よく理解しているはずです。

では、いったいどうすればよいのか。

多くの人は、「勉強を面白くさせることが大切」と言います。

確かに、勉強が面白いと感じられれば、

積極的に机に向かう気にもなるでしょう。

でも、冷静に考えてください。

「勉強を楽しくする」なんて、

言うのは簡単ですが、実際には相当困難です。

どんな子どもも、知的好奇心を持ち合わせています。

私自身、幼いころは、文字が書けるようになって、うれしく感じたり、車の車種をたくさん覚えて喜んだりした記憶があります。

そういう意味で〝知る喜び〟を感じてはいたものの、それが勉強全般に通じていたかというと、けっしてそうではありませんでした。

私は、勉強ができるタイプの子どもでしたが、「勉強大好きな子ども」ではありませんでした。

正直に言えば、むしろ勉強は嫌いでした。

勉強は楽しいものではなく〝義務である〟という自覚のもとに勉強をしていました。

勉強好きな人は立派だなと思う一方で、「勉強が好きだなんておかしい」と、疑問に感じることもしばしばでした。

心のどこかで勉強嫌いな自分にコンプレックスを抱えていたのだと思います。

本当の意味で、勉強が楽しいと感じられるようになったのは、
30歳も過ぎたころ。
自分の意思で精神分析について学ぶようになり、
遅まきながら勉強の面白さに目覚めました。
これは読者のみなさんの実感とも共通しているのではないでしょうか。
残念ながら、大半の人間はかなり大人になってから勉強の面白さに目覚めます。
そして、こう思うのです。
「勉強って、結構面白いな。
こんなに面白いなら、子どものころからもっとやっておけばよかった」

誤解を恐れずに言います。
私は、子どもにとって、必ずしも勉強が楽しくなくてもよいと考えています。
もっと言えば、子どもにとって勉強は、
基本的には面倒で面白くないものだと思います。

それでも、子どもは勉強を一生懸命頑張ることができます。

それは何より、お母さんやお父さんが、
勉強をしたら自分をたくさん褒めてくれるから。
先生や友達が「すごい、すごい!」と言って、認めてくれるからです。

私自身、勉強は嫌いでしたが、東大に合格することができました。
勉強が嫌いなのに、勉強を頑張ることができたのは、なぜか？　それは、

勉強は「モチベーション」と「やり方次第」だと気づいたからです。

私は勉強ができるようになることで、
社会に出て何かを成し遂げられると信じていました。
これが勉強を続けるための１つの動機となっていました。
そして、勉強にはコツがあり、コツを自分のものにすれば、面白く点をとれる。
これを知ってからは、テストで点をとることを楽しめるようになりました。

勉強は楽しくなければいけない。
楽しくなければ成績は上がらない。

まずは、親自身がそうした「思い込み」から自由になる必要があります。

勉強そのものは嫌いだけれども、
「勉強ができる自分」のことは全面的に肯定できる。
勉強ができるようになることで、将来を切り開こうとする強い気持ちを持つ。
これからの時代を生き抜くのは、
そんな「したたかな男の子」ではないか、と私は思います。

子どもが社会に出れば、
いつか必ず勉強は本当に楽しいものとなります。
そのときまで、
子どもが勉強と上手に付き合っていけるよう、
親ができることは何か。

本書では、それらをできるだけ
具体的にご紹介していきます。

はじめに
子どもが自分から勉強するために「何を」言うか

子どもが自分から勉強するには、いくつかの要素が作用します。

1つめは、「勉強したら得」「勉強しなければ損」という実感をもつことです。

私が子どもだったころの男の子たちも、今と変わらず総じて勉強好きだったとは思いません。ただ、今の子どもたちと比較すると、「勉強しないと食べていけない」という感覚は共有していたのではないかと思います。

私自身、家に帰れば母親から毎日のように、こう聞かされていました。

「勉強しないと、大人になったとき惨《みじ》めな思いをするよ」

「勉強すれば、苦しい生活を送らなくてすむんだよ」

あるいは、勉強しないで社会の落伍者となっても、自己責任であるから親が知ったことではないと言い聞かされたのも覚えています。要するに、

「**勉強をしないで損をするのはお前たちであって、私ではない**」

というわけです。私の母親のような伝え方をしていたかどうかはともかく、当時の家庭

は似たり寄ったりだったと思います。

その時点で戦争が終わってから四半世紀近くたっていましたが、当時の大人たちの間で、貧困はトラウマとして共有されていました。ですから、学問こそが身を助けるという大人たちの思いには実感がこもっていました。私自身、子ども心に、母親の言葉に抜き差しならない切迫感を感じていたからこそ、素直に机に向かっていたように思うのです。

なにしろ、私の子どものころは、およそ勉強とは対極にありそうなギャグ漫画の中でさえ、勉強を重んじる価値観が浸透していました。たとえば『天才バカボン』では、能天気なバカボンとバカボンのパパの面白おかしい日常がメインでありながら、「やっぱり頭がいいってすごい」と思わせる天才児のハジメちゃんというキャラクターが登場します。

『天才バカボン』に限らず、当時は学業優秀であることが善とされ、勉強をなまけるとロクなことにならないというメッセージが、あらゆる場面で発信されていました。

ひるがえって、現在はどうでしょう。「勉強しなさい」と言う親は多いかもしれませんが、この世の現実の生々しさを伝えている人はどれだけいるでしょうか。格差社会が露骨に進行している今だからこそ、「勉強しないと、とんでもないことになる」と、きちんと子どもに伝える。これこそが、親としての役目なのです。

男子の「自信をもたせる、負けん気をつくる」言葉

子どもが自分から勉強するための2つめの要素は、自信をもつことです。

自信があるとは、言い換えれば、「僕は勉強ができる」「テストでいい点数を取ることができる」と思えるということです。子どもが、勉強でまわりの子に勝つ体験をすると、自分に自信をもつようになる。自信をもてば、もっと勝ちたいという意欲も増し、自ら机に向かうようになるという理屈です。

これと関連して、**子どもが自ら勉強するようになる3つめの要素は「負けん気の強さ」です。**負けん気の強さは、生まれつきの性格からくるものなのか、教育である程度伸ばせるものなのか、私自身も断言はできません。ただし、親の言葉のかけ方に影響される部分があるとは思います。

たとえば、今、子どもが友達とケンカして泣いて帰ってきたとき、親としてどのように

声をかけるでしょうか。ケンカの原因を問いただして、友達とどうすれば仲良くできるのかを一緒に考えるという人が多いかもしれません。

私たちの親世代は違いました。

私などは友達とケンカして泣いて帰ってこようものなら、

「**お前は勉強で勝って、見返してやれ!**」

と、けしかけられるのが常でした。そうした経験を何度も繰り返すうちに、「負けっ放しはダメだ。僕は勉強で勝つんだ」という負けん気の強さを養っていたような気がします。

もちろん、友達と仲良くするための教育も大切です。一方で、避けられない競争があるのも事実ですから、負けん気の醸成も重視すべきです。

勉強は「何のために」する?

これまで挙げた3つの要素のうち、かつて私が子どもだったころと比較して、もっとも軽視されているのが、「勉強したら得」「勉強しなければ損」という実感です。

私が、子どもには「勉強しなければ、将来とんでもない不利益を被《こうむ》る」としっかり伝えるべきだというと、批判の声をいただくことがあります。

「そういう和田先生自身が、格差を助長しているじゃないですか!」

「やはり、たくさん勉強した結果なれる医者や弁護士が望ましい職業であり、それ以外の職業を差別しているわけですね」

しかし、私は格差の助長や固定化をよしとしているわけではありません。むしろ「勉強をしない」という選択こそが、格差を助長するのではないかと主張しているのです。これに関して、『機会不平等』（斎藤貴男、岩波現代文庫）という本の中に、とても印象的なエピソードが登場します。

ジャーナリストである著者の斎藤氏は、ゆとり教育が導入された背景を知るため、関係者を取材しながら、事実を検証していきます。斎藤氏自身には、東京・池袋で鉄くず屋を営んでいた家庭に生まれ育ち、早稲田大学を卒業後、新聞記者などを経てフリージャーナリストになったという背景があります。

「ゆとり教育が導入されたら、塾に行ける裕福な家庭の子ばかりがいい大学に進学できて、私みたいな鉄くず屋の子どもは、早稲田を卒業して新聞記者になることができなくなるのでは？」

斎藤氏のそういった趣旨の疑問に対して、教育改革国民会議（当時）の有力議員が、次のように答えます。

「大体、今の日本人は自分に誇りを持てない民族になってしまっている。（中略）あなたも、スクラップ屋さんより記者のほうが上だと思っているから、そうおっしゃるのでしょうが、間違っています」

この発言に対して、斎藤氏は次のように記しています。

「どの仕事が上だの下だの、考えたこともない。私はただ鉄くず屋よりジャーナリストになりたいと思っただけである」

私は、この一文がすべてを言い表していると思います。つまり、**重要なのは、なりたい職業を選べることであり、勉強することは、将来の選択肢を広げる行為なのです。**

社会の厳しい現実を知っていますか

今、私たちが生きているのは非常に厳しい時代です。格差は拡大し、庶民が努力と実力で社会の上層に上り詰めるのは、ますます困難になりつつあります。

たとえば、日本では「働かざる者食うべからず」という言葉がよく使われます。もともとは、怠惰な人間は食べることを許されない、つまり勤勉を奨励する標語でしたが、最近は、生活保護受給者をバッシングする文脈で使われるケースも増えています。

けれども、私も最近になって読者から教えていただいたのですが、本来この言葉はソビエト連邦の初代指導者であるレーニンによって、まったく違う意味で使われていたのだそうです。

レーニンは、不労所得でのうのうと暮らす特権階級を批判するために「働かざる者食うべからず」と言い出したとされています。

これにひきかえ、日本の現状はどうでしょう。名門私立大の小学校に入学しさえすれば、あとはたいして勉強をしなくても大学まで卒業できる。卒業後は、親のコネで大企業に就職できる。あるいは地盤を受け継いで労せずして代議士になれる。こんな国は先進国の中で日本くらいです。

冷静に世界を見渡してください。ハーバード大にも、ケンブリッジ大、オックスフォード大にも、付属小学校など存在しません。名門大学に入学するには、相応の学力が必要。これが本来の姿なのです。

そもそも私たちは、どれだけ勉強しても解消できない格差のもとに生きているのです。そんな、どうしようもなく不公平な社会にあって、勉強しなければ、格差を固定・助長したいと思っている人たちの思うつぼです。

文字通り**「機会不平等」の社会に生きているからこそ、私たちには子どもに少しでも選択肢を与える義務があります。**

たとえば、アイドルの条件は学歴ではありません。中学卒業の肩書でもトップアイドルを目指すことは可能です。一方で、アナウンサーになるには大学を卒業する必要があります。

ここでポイントとなるのは、大学を卒業している人は、アイドルにもアナウンサーにもなれる可能性を持っているということです。さらに極端に言えば、同じルックスと歌唱力、ダンスのスキルを持った子であれば、他の大学を卒業している子よりも、東大卒の子のほうがアイドルになりやすいと私は思います。そのほうがキャラクターとして〝立っているから〟です。

学歴をつけておけば、基本的に職業の選択で損をしません。私は、子どもにとっての幸せは人生の選択肢が多いことだと思います。別に医者や弁護士になるのがすべてではありません。東大を出て落語家を目指すのも、タレントを目指すのも自由。さらには、官僚にも政治家にも、新聞記者にもなれるところにすばらしさがあるのです。

新しい「大学入試制度」に対応できる子とは

2020年度から実施される大学入試改革では、センター試験に代わって「大学入学共通テスト」が導入され、各大学が個別に採用する入学者選抜（個別選抜）では、多面的な選抜方式をとることが規定方針となっています。

個別選抜では、小論文、面接、集団討論、プレゼンテーション、調査書（内申書）、活動報告書、大学入学希望理由書や学修計画書、資格・検定試験などの成績、各種大会などでの活動や顕彰の記録などの活用が予定されています。

これにより、**すべての国公立大学がAO入試化するとも見られています。**

私はこの制度改革に反対しています。

というのも高校卒業レベルの年代では、面接にせよ、小論文にせよ、集団討論にせよ、その道のプロの指導のもと、トレーニングを受けた人とそうでない人の差があまりにつきすぎるからです。

志望動機書も、プロが書いたものを提出したほうが、はるかに好印象でしょうし、プロが書いたかどうかを確かめるすべはありません。

大学の面接官に、プロの指導を受けただけの生徒を見分ける眼力があればよいのでしょうが、大学の先生たちがそうしたスキルを磨く機会はありません。仮にスキルがあったとしても、面接の訓練をしてきた能力のある生徒を不合格にするというのも不合理な話です。

基本的に面接や小論文のテクニックを指導できるような教育資源は、現状では都市部に集中しています。必然的に**都会に住み、お金をかけて訓練された生徒が合格しやすくなる**のは当然です。また、試験で合格に必要な得点を満たしていたとしても、面接で不合格になる生徒も出てきます。これでは教育格差がますます助長されるだけです。

私は従来の受験制度には、まだしも客観性や公平性があると考えてきました。だからこそ、著書を通じて受験のテクニックを身につければ独学でも合格できるというメッセージを伝えてきたつもりです。

しかし、中央教育審議会の答申から読み取れるのは、もはや受験に客観性や公平性を重視しないという意思です。「なんとなく受験制度が変わる」という程度の認識しか持っていない人は、この事実を重く受け止めなければなりません。

この時代に、男の子を「どう」育てるべきか?

生物学的に見て、男の子は女の子と比較するとゆっくり成長します。

中学校くらいまでは女の子のほうが体格もよく、体力、運動能力、学習能力もすぐれています。コミュニケーションや社会性においても、男の子は女の子にはとてもかなわず、何をやっても女の子の後塵を拝する日々が続きます。それに加えて、女性の活躍をよしとする社会的な風潮も加速しているわけですから、女の子が主導権をとるのも必然のなりゆきです。

このような時代にあって、もっとも大事なのは、**あの手この手で男の子に「生きる力」を身につけさせること**です。

どんな動物でも、子どもを育てる究極の目的は、生きる力をつけさせることであり、それ以上でも以下でもありません。ライオンの親がいつまでも子ライオンにエサを与え続けていたら、厳しいジャングルの中で生き抜いていくのは不可能です。油断したすきに他の動物から命を奪われてしまうかもしれません。だからこそ、親は子どもに厳しく接しながら、狩りの方法をたたき込むのです。

人間の親も同様です。子どもが社会に出たときに1人で生き抜く力を授けるのが親の役目です。特に、何もせずとも自信を得やすい女の子に比して、へこたれやすい男の子を育てるにあたっては、「自分の力で生き抜く」という強い気持ちを養ってあげる必要があるのです。

本書では、今、男の子が生き抜く力を養うための育て方をご紹介していきます。**生き抜くためには、やはり勉強をして競争に勝ち抜く力が不可欠です。**特に、男の子が自分から机に向かうために、親として何ができるかについてお伝えしていくつもりです。

読者のみなさまが自信をもって男の子を強く育てる。本書がそのヒントになればと願っています。

『「自分から勉強する子」の親の言葉　男子編』 contents

第1章 ほとんどの男子は「後伸び」する！

第2章

男子が「自分から勉強する」ようになる言葉

第3章

男子の勉強の「取り組み方」

家庭で「何」をするか？

第4章

教科別！勉強のコツ
「やり方」さえわかれば誰でも頭がよくなる

第5章 「社会で生きていく力」のある男の子

第6章

「9歳の壁」を理解する
それ以前と、それ以降の勉強法は違う

第7章

「後伸びする男子」をつくる家庭の秘密

第1章

ほとんどの男子は「後伸び」する！

小学生のころの男の子は、女の子と比較すると、幼くて、単純で、能天気。

勉強でもスポーツでも、負けっ放しですから、心配になるのもよくわかります。

でも、男の子の成長が遅いのは当たり前。

だから、焦る必要などありません。

男の子は「後伸び」する――まずは、この事実を知ること・信じることが、男の子を育てる第一歩となります。

我が子の「後伸び」を信じて、たっぷり愛情を注いでいきましょう。

「男の子が生きづらい時代」と知る

私たちが子どものころは、女の子がクラスのリーダーになる例はまれで、クラス内では男の子に存在感がありました。

けれども現在は、運動能力や学習能力、コミュニケーションにすぐれた女の子がリーダーになるのは当たり前。クラス会や運動会などのイベントでは女の子がみんなを引っ張り、男の子はそれについていくだけという光景も日常的になっています。

小学生の男女を比べると、女の子はずいぶん大人びて見えますし、生き生きしている印象も受けます。女の子にとって、小学校は自分の能力を存分にアピールできる場であり、今どきのやわい男の子の存在感はますます薄れる一方です。

そもそも寿命からして、男性よりも女性が長いのは誰もが知る事実ですし、女性は心理的ストレスにも強いとされています。うつ病の罹患《りかん》率は女性のほうが高いというデータがありますが、土壇場で踏ん張れるのは女性であり、男性のほうが心が折れやすい傾向があります。その証拠に、自殺率は圧倒的に男性が高くなっています。総合的に判断して、男性が女性よりも弱い存在であるのは間違いありません。

　では、なぜかつては、男の子がクラス内でリーダーシップをとることができていたのでしょうか。

　昔から、男の子が女の子より弱かったことには変わりはありません。ただ、男は強くてたくましくあるべき、男性が主で女性が従という価値観が主流でしたから、社会全体で無理矢理、男性上位に仕立て上げていたというのが実情ではないかと思います。もしかするとそれは、生来弱くて自信を失いがちな男の子を立派に育てるための先人の知恵だったのかもしれません。

　かつて、女の子には、

「あなたは女の子だから、出過ぎたまねはやめなさい」

とおさえつけるようなしつけが当たり前のように行われてきました。

　進学についても、万事男の子優先で、能力を持っているにもかかわらず機会に恵まれない女の子もたくさんいました。

　今や、こうした理不尽が許されてよいわけがありません。

　今さら男の子優位の教育観を取り戻せというのも間違っています。

　とはいえ、**男の子を守っていた価値観が崩れたことで、男の子が、かつてないくらい自信を失いかけているのは確かです。**

　親として、まずはこうした時代背景を十分に理解しておく必要があります。

男の子は絶対に、後から伸びる

子どものころは、男の子と比較して女の子の成長は早く、男の子はどうしても女の子の後を追う傾向があります。

前述したように、体格、運動能力、学習能力、コミュニケーション能力や社会性に至るまで、男の子は女の子に負けっぱなしです。

早いうちから大人の会話についていくのも、新しいお手伝いをこなせるのも女の子。そのため、「男の子は手間がかかる」「なんでこんなに幼いのだろう」と思い、いらだったり悩んだりすることもあるでしょう。特に男女両方の子を持つ親は、どうしても女の子と比較してしまい、ついつい小言の1つも言いたくなるかもしれません。

しかし、結論から言えば、**男の子は女の子にかなわなくて当たり前。「男の子はそういうものなんだ」と素直に認めることが大切です。**男の子の子育ては、スロースタートを認めるところから始まります。

知性面に関していえば、女の子優位は高校生くらいまで続きます。これは女の子のほうが成長が早いというだけでなく、能力特性が関係しています。要するに、女の子のほうが真面目に机に向かって勉強する力に長《た》けているのです。

高校になって数学のレベルが高度になると、数学に苦手意識を感じる女の子も増えてきて、男の子が太刀打ちできる部分も出てくるのですが、やはり総じて女の子の優位はゆらぎません。

以上を踏まえると、無理に女の子と張り合わせようとするよりも、「女の子には負けて当たり前」という前提で、どうすべきかを考えるべきです。

後伸びする男の子に育てる上でもっとも大切なのは、何といっても親自身が「後伸びすること」を信じ抜くことです。そして、いつかは勝てると親自身が信じ、子どもにも信じさせていきましょう。女の子に負けても子どもが自信を失わないようフォローしてください。

「〇〇君は、後から伸びるんだから、心配しなくてもいいんだよ」

「男の子は、中学生くらいまでゆっくりしたペースで成長する。だから、今は女の子に負けてもいいんだよ。頑張っていれば、いつか勝てるときがくるんだから」

このように子どもを勇気づけることを心がけてください。

言ってはいけない！

「どうしてさっと、できないの!?」

「早生まれの男子」は不利？

男の子を伸ばすにあたって落とし穴となるのが生まれ月です。

同じ男の子の中でも、生まれ月によって体格や頭脳の発達面で大きな差がついています。4月生まれ（4月2日以降）の子と、3月生まれの子とでは、約1年の差があります。小学生くらいまで、1年の差はとても大きく感じられます。

もちろん自信の有無は生まれ月だけで決まるわけではないですが、4、5、6月生まれの子は、同級生と比較して体格も大きく、コミュニケーション能力も高いので、自己肯定感を得やすいのは事実です。小学校入学時点で、授業にもついていきやすいので「授業がわかる」「問題を解ける」という自信へとつながり、勉強が得意にもなりやすいのです。

実際、東大生には4～6月生まれの学生が多いといわれています。

大学入試時になれば、生まれ月の差はほとんどないようにも思えますが、やはり幼いころからの「自信」の蓄積が少なからず作用していると考えられます。

早生まれで同級生との月齢差が大きい子の場合は、まわりの男の子と比べてもできないことが多く、どうしても自信をもちにくい傾向があります。中学生以上になれば、早生まれの子も徐々に成長面で追いついてきますが、もともと「自分は同級生に比べてできない子なんだ」と思い込んでいる子は、すでに勉強嫌いになっていて、あとから挽回するのが難しくなります。一方で、すでに自己肯定感を持っている4、5、6月生まれの子は、順調に成長していくので、ますます差が開く一方です。

ただでさえ女の子に後れをとっているのに、男の子の中でも後れをとるのは、子どもにとって心理的に大きな負荷となりかねません。1、2、3月の早生まれの子を持つ親は、月例差というハンデを認めた上で、上手にフォローしていくことが肝心です。

「1歳近く年上の子と競争しているんだから、今は負けることもあるよ。でも、もし勝つことができたら、すごいことだよね」

「○○は、後から伸びるんだから大丈夫だよ」

こんな言葉をかけつつ、早生まれの子には学習の先取りを常に心がけ、子どもの自信を取り戻していきましょう。学校の勉強を先取りするだけでなく、スポーツでも何でも「自分は勝てる」という分野を持つことも重要です。男の子に自信をもたせる方法については、第2章で詳しくお伝えします。

こう言おう！

「○○君は、後から伸びるんだから大丈夫」

男の子が成長する「競争」とは？

男の子が精神的に成長する、また自分から机に向かおうとするきっかけとなるのは、「競争」です。競争をすると、勝ち負けがつきます。この勝ち負けの経験が、子どものやる気につながるのです。

もともとやる気のない子どもはいません。どんな子でも「勉強で勝ちたい」「スポーツで勝ちたい」という意欲を持っています。ですから、「負けると子どもがかわいそうだからなるべく競争させない」という教育法は間違っています。別に勝たなくてもある程度評価されるとわかっていたら、子どもはわざわざ努力して勉強やスポーツで結果を残そうと思わなくなります。競争の否定は、子どもの生きていく力を失わせ、子どもを無気力にさせるだけです。

勉強でもスポーツでも勝つために努力する経験は大切です。ただし、当たり前ですが、どんな子でも勝ち続けるのは不可能です。

勝つ経験だけが子どもを育てるわけではありません。勝ったり負けたりする経験を繰り返す中で、子どもはお互いに切磋琢磨《せっさたくま》します。競い合いを通じて、自分を高めていくわけです。

仮に競争に負けたとしても、自分の成長を実感できますし、悔しさをバネに「努力して次は頑張ろう」とするモチベーションも高まります。もし、競争に負けたことによって傷つく子がいたとしても、それはごく一部にすぎません。子どもが競争に負けて傷ついてしまったとしても、競争を全否定する必要はなく、一時的に競争をお休みして心身の回復を図るだけで十分です。

そもそも、競争のベクトルは１つではありません。子どもは、１つの分野で勝てないとわかったら、「これがダメならあれにしよう」という切り替えをします。自分の勝ちたいベクトル、つまり自分の土俵を探すようになるわけです。

勝つ経験を味わうには、競争の手段を増やしていけばいいのです。自分の子は何をやらせたら勝てるかを考えましょう。子どもが「まわりの子に勝った」という体験をすると、自分に自信をもつようになります。１つのことで「勝っている」という自信をもてば、ほかの分野でも積極的に競争に参加できます。つまり、生きることに自信をもてるというわけです。

こう言おう！

「これがダメなら、○○はどう？」

「母親の愛情」という強さのある男子

「マザコン男」と聞くと世間では白い目で見られがちです。けれども、一言で「マザコン」といっても、いいマザコンと悪いマザコンがあります。

母親の愛情をたっぷり受けて育つこと自体は、精神分析の観点から見て、共感の能力にすぐれ、性格も成熟したものになりやすく、また自信家で成功への野心も強くなる傾向があります。実際、社会的な成功者の中には、北野武さんのようにマザコンを公言している人が少なくありません。

世界的に見ても、母親が教育熱心で、子育てに大きな影響を持つ国や民族は、繁栄する傾向にあります。たとえば、ユダヤ人の母親は教育ママとして有名です。彼女たちは、単に「勉強しなさい」と迫るのではなく、

「あなたを愛している。勉強しないであなたが社会の落伍者になるのは見たくない。財産なんていつ没収されるかわからないから、お金を稼げる頭がいい人になってね」

と繰り返し言い聞かせながら、子どもを育てていきます。

国を持たず、迫害を受けた歴史的背景を持つユダヤの人々は、「財産は奪われても、頭

の中は奪われない」という信念が徹底しているのでしょう。

精神分析学の創始者であるフロイトも、そうしたユダヤ式の子育てによって成長したユダヤ人の１人です。フロイトは母親から徹底的に愛情をかけられ、「すごいね」「えらいね」と褒められ続けた結果、７、８歳のころには旧約聖書やシェークスピアを読みこなし、ウィーン大学医学部を優秀な成績で卒業することになります。

アメリカ社会で経済界や科学界、あるいは文化のジャンルにおいても中枢の地位を圧倒的にユダヤ人が占めているという事実を、けっして無視することはできません。

お母さんは自信をもって男の子に愛情を注いでください。「まわりの人から過保護だと思われたらどうしよう」などと、悩む必要はありません。幼児期くらいまでは過保護なくらいでよいと思います。**実のところ、私も弟も過保護に育てられ、母親に愛されているという実感を持ちながら育ちました。**

母親から深い愛情を注がれた男の子は、母親からの期待に応えようとして健全に努力するようになります。「一生懸命育ててくれたお母さんのために、親孝行しよう」と考える。これが、子どもの上昇志向や成功欲求の下支えとなるのです。

言ってはいけない！

「ママに頼りすぎよ！　しっかりしなさい」

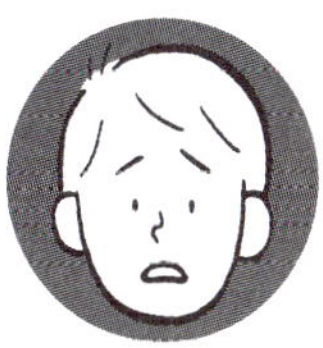

たくさんの勉強法を試す価値

3人の息子を東大理Ⅲ（医学部）に合格させ、一躍脚光を浴びた「佐藤ママ」こと佐藤亮子さんが、2017年春、長女までも東大理Ⅲに現役合格させたというニュースが話題となりました。

私自身、佐藤さんと対談する機会があったのですが、そこで強く感じたのは彼女の、子どもに勉強させることを絶対善とする強い信念です。

佐藤さんは「受験に恋愛は無駄です」と発言したことで、多方面から批判の声を浴びました。中には、「これは子どもに対する見えない虐待ではないか」という意見も出たくらいです。

しかし、**「子どもに勉強させることがかわいそう」だなんて思わないほうがいい、と私は断言します。**子どもがテストで悪い点を取ったときに、強く叱責したり、殴ったりする。これは疑いようもない虐待ですが、勉強をさせること自体が虐待であるわけがありません。

もう1つ、**「佐藤ママ」のお話を聞いて感心したのが、私の著書を含めて、たくさんの**

勉強法を学び、自分の子に活かせる方法を選び取っていたという事実です。

一般に、佐藤さんがまったく同じ方法で４人の子を東大に進学させたと理解している人が多いと思います。けれども、実際には、それほど簡単ではなかったはずです。

子どもはそれぞれに性格も違うでしょうし、男女差もあります。特に長女の場合、佐藤さんは入浴後に40分かけて髪の毛を乾かしつつ、その間に娘が問題を解くのをサポートしていたと明かしています。

私自身、佐藤さんから「和田先生の本を大変参考にさせてもらいました」と言われ、けっして悪い気はしませんでした。しかし、実際には私の提唱する勉強法でも、自分の子に合わないものは、容赦なく切り捨てていたはずです。

大切なのは、私の勉強法に限らず、トライアンドエラーで最善の勉強法を探っていくことです。１つの勉強法がうまくいかなかったからといって、「私の子は賢いはずだ」「もっと別のやり方があるはず」との信念を持っていれば、別の新たな方法にチャレンジできます。そうやって、自分の子に合う勉強法を見つけ、成功体験をさせる。その創意工夫が、子どもが自分から勉強するためのスイッチを押すのです。

こう言おう！

「○○君は賢いはずだよ！」

「1日15分」歯磨きのように勉強を習慣化する

小学校の勉強の多くは、反復練習によってレベルアップします。かけ算の九九も繰り返すうちに丸暗記できるようになりますし、漢字の書き取りも、実際に何度も書いているうちに身につくようになります。

小学校に入学したら、1日最低15分は自宅での学習を習慣化したいものです。早くから学習を習慣化しておけば、その習慣は長続きします。

学習習慣を、私はよく歯磨きにたとえて説明します。小さくて歯磨きを始めたばかりの子どもは、歯磨きを非常に嫌がります。ところが辛抱強く歯磨きを続けていると、それが習慣化します。やがて、歯磨きをしないと口の中が気持ち悪く感じられてきます。

お風呂を嫌がっていた子どもも、一度習慣化してしまうと、毎日お風呂に入らないことを違和感として感じるようになります。これと同じように、**勉強を習慣化して、勉強していないと気持ちが悪い、頭が悪くなったように思うくらいにクセづけていけばよいのです。**

歯磨きを、最初は親がやってあげるのと同様、勉強も最初は親が見てあげます。そのとき「勉強をやらないと、なんだか気持ち悪いね」と必ず伝えるようにします。

最初は、きちんと理解しているかどうかなど、内容を気にしすぎなくても大丈夫。男の子に自分で手洗いや歯磨きをさせると、適当にすませる場合が多いはずです。これと同じで、ちょっとやっただけでも「やった」気にさせればよいのです。

お調子者である男の子に学習習慣をつけるには、とにかく「乗せる」のも有効です。低学年のときに高学年で学ぶ難しい漢字を書けたり、計算問題を解けたりするようになったら「**すごいね。まだ1年生なのに3年生の勉強ができるなんて**」などと褒めてあげるとよいでしょう。「僕って天才かも」と思ってくれれば、しめたものです。

百ます計算（122ページ）に取り組むのもおすすめです。たとえば前日に1分11秒を要した問題が、今日は1分8秒でクリアできたとなれば、自分で成長を実感できます。ちょっとずつでも成長しているという実感が、モチベーションにつながります。

百ます計算をやらせても計算のスピードが速くならない子には、百ますでなくても、別の勉強でもよいのです。子どものレベルに合わせて簡単なところからレベルアップしたほうが学習効果は高まります。特に男の子は、焦らずに地道に、勉強を習慣づけましょう。

こう言おう！

「勉強をやらないと、なんだか気持ち悪いね〜」

第2章

男子が「自分から勉強する」ようになる言葉

男の子に自信をもたせるには、「自分は勝てる」という実感を持たせるのが一番。

勉強でいえば、「自分はできる」と思わせることが非常に重要です。

「できた」という体験をたくさんもてるように導いていきましょう。

同時に、「勉強ができる自分は格好いい」と全肯定できるような価値観を、ふだんから培っておきましょう。

「勉強ができるようになると、性格が悪くなる」こうしたつまらない思い込みで、子どもの未来を閉ざしてはいけません。

この章では、男の子が自信をもつために親ができる働きかけを考えることにします。

「集中力がないまま」でも机に向かわせる

「うちの子は、落ち着きがない」

男の子に関しては、この手の悩みを抱えている親が多いようです。確かに、集中力に欠けるタイプの男の子は少なくありません。

かくいう私自身も、長時間机に向かっていられないタイプの子どもでした。とはいえ、勉強をサボっていたわけではなく、部屋の中をウロウロしながら勉強をしていました。そのほうが、いろいろなやり方が浮かんで、記憶も定着したのです。

集中力に欠ける男の子の親は、集中力をどう伸ばすかに腐心しますが、私は集中力がないままでも学力を伸ばせると考えています。幸いなことに勉強は1科目だけではありません。国語に飽きたら算数、算数に飽きたら理科……という具合に、短時間の勉強を積み重ねるのも方法の1つです。

発明王で知られるエジソンは、ADHD（注意欠陥・多動性障害）の傾向があり、集中力が3分と続かない子どもでした。普通の親なら勉強させるのをあきらめてもおかしくない状況です。ところが、母親のナンシーは違いました。彼女は、**エジソンが集中できる3**

分ほどの間に読み聞かせで物事を教えたのです。3分もたつとエジソンはじっとしていられず、あたりをウロウロしはじめます。ナンシーはそれを叱ることなく、エジソンが再び戻ってくるのを待ちました。そうやって、戻ってきたエジソンに、別の話を3分間読み聞かせる……。結果としてエジソンを物知りな子へと育てていったのです。

エジソンは耳学問ですべてを学んだため、最後まで文字を読むことができませんでした。大人になってからは秘書に本を読み聞かせしてもらっていたとの逸話が残っています。

「集中力がない」「だらしない」など、マイナス面を気にするより、子どもに合った勉強のスタイルを確立するのが得策です。

ところでエジソンは、世界の偉人にふさわしい人格者だったかというと、まったくそんなことはなく、性格的にはキレやすく、人間関係の問題を多々抱えていたそうです。スティーブ・ジョブズも、友達にしたいかと言われると、ちょっと尻込みしたくなるようなアクの強い性格の持ち主。それでも、彼らが残した業績は色あせませんし、世界的に押しも押されもしない評価を受けているわけです。

言ってはいけない!

「落ち着きがないから、ダメね!」

「自己肯定感」のある男子の底力

男女を問わず、自信に裏づけられた自己肯定感を持っている子は、どんな局面でも力を発揮できます。

「自分は目標をクリアできる」「難しいけれどできそうだ」と思うからこそ、人は、何かに向かって努力したり結果を出そうとしたりするものです。

これに対して、何かにつけ萎縮してしまう男の子は、自己評価が低いという点で共通しています。どれだけ素質や能力があっても、「僕には無理だ」「できるわけがない」と自信がもてない。これでは、到底結果を出すことはかないません。

自信をもたせるためには、得意分野をつくるのがベストです。男の子は、どんどん人に勝ちたい、そしてみんなからヒーロー扱いされたいという根源的な欲求を持っています。

「この分野に関しては、ほかの誰にも負けない。勝つ喜びを味わうことができるし、みんなからも認められる。だから僕は一生懸命、努力できるんだ」

このように言える分野を1つでも持っておけば、子どもは努力・成長し続けます。

健全な「自己肯定感」は、生きる原動力となり、成長の原動力ともなります。

まずは、子どもが興味をもって取り組めそうなもの、素質に合ったものを探してみましょう。漢字の暗記が好きという子もいるでしょうし、計算が早く解けると嬉しい子もいます。勉強以外にも、習い事の水泳なら頑張ることができる、将棋だったら何時間でも飽きずにできる子もいます。

〝その子が本気になれて、結果的に勝てる〟勝負のネタを探すのがポイントです。たとえば、かけっこでいつも6位だったのが5位に上がっても、勝利の喜びは微々たるもの。**本人の中で勝ったと思えたときに、子どもは心の底から自己肯定感を得ます。**特に小学校低学年の子どもにとっては「1位」「一番」という言葉がもっとも輝いて見えます。

子どもが一番になれそうな分野を探して、どんどん競争をさせてください。普段から、**親自身が競争を恐れない、**競争から逃げないのも重要なポイントです。

子ども自身に「勝ちたい」という心情が芽生える以前から、他愛ない場面で「一番」という言葉を使い、快感とつなげていくべきでしょう。「今日は誰よりも一番早く起きたね」「今日はお友達の中で一番先にお片付けができていたね」などの言葉が有効です。

こう言おう！

「今日は誰よりも一番早く起きたね」

「根拠のない自信」で東大へ行った弟の話

私の母は、子どもに根拠のない自信を植え付ける天才だったと思います。

母は、私たち兄弟に対して、ことあるごとに、

「**お前たちは頭がいいんだ。優秀な家系に生まれたんだから間違いない！**」

などと、先祖まで持ち出しては繰り返し言い聞かせていました。

実際のところ、どこまで本当の話だったのかよくわかりません。半分以上は、母の願望から生まれた作り話だったのではないでしょうか。

ただ、この母親の根気強い吹聴に、私以上に感化されたのが弟でした。

弟は、私に続こうとして受験した灘中の受験に失敗し、滑り止めで受験した中学に入学し、そのまま高校に進学していました。その高校は、京大の合格者が年に1人出るかどうかといった学力レベルであり、おおよそ東大を目指すのは難しい状況でした。しかも、よく聞けば学校内での弟の成績は、けっして芳しいわけではありません。

ところが、あるとき、弟は私に「東大に合格するための勉強法を教えてほしい」と頼み込んできたのです。

弟が東大に行きたいと言い出すなど、兄の私にはまったく予想外の事態。にもかかわらず、弟本人は、灘高から東大に進学した兄と同じ勉強のやり方さえ身につければ、東大に合格できると信じて疑っていない様子です。

血のつながった兄である私から見ても、このあまりの自信過剰っぷりは恐ろしく感じられるほどでした。しかし、弟に請われるがまま、灘高に伝わる勉強法を体系化してみっちり教えこんだ結果、弟は本当に東大文Ⅰに現役合格できたのです。私はこの成功体験を通じて、「受験は才能ではなくテクニック次第だ」との確信を得ることができ、のちに受験のテクニックについて執筆したり、学習塾を運営したりすることにもつながりました。

弟がそうだったように、**男の子には、どこか能天気な一面があります。男の子に「根拠のない自信」をもたせる経験は、勉強において壁を突破するときの力となるだけでなく、その後の人生でも子どもの支えとなります。**

たとえ親や祖父母が高学歴でなくても、特別な家柄でなくても、親戚の中には、１人くらい高学歴の人物が見つかります。そういった人を引き合いに出して、「うちは勉強ができる家系なんだよ」と言い切るのも、あながちムダとは言えないのです。

こう言おう！

「安心して。うちは勉強ができる家系なんだよ」

公文式で「根拠のある自信」が身につく

先ほど、弟の例を引き合いに、男の子に根拠のない自信を持たせることの意義をお伝えしました。

どんなに根拠がなくても、自信をもつにこしたことはありません。

その意味で、私の母が行っていた声かけは、十分に効果があったと思います。

とはいえ、根拠のない自信と比較すれば、やはり「根拠のある自信」を持たせるほうがいいに決まっています。最初は根拠のない自信からスタートしたとしても、途中からはどんなに小さくてもよいので自信の根拠となる「実績」を積み上げ、それを根拠に自信を育んでいくのが理想的です。

この「実績」をつくるにあたっては、戦略が求められます。漠然と学校のカリキュラムに任せて、何の準備もしないまま「学校のテストの結果がよかった」「今回はできなかった」と評価しているだけでは不十分です。

とくに、勉強に後ろ向きであったり、成績がなかなか上がらなかったりする子には、満点がとれそうな問題だけをやらせるようにしましょう。毎回満点をとらせることで、自信をつけていくのです。再び弟の例を持ち出しますが、**弟がすこしだけ勉強ができるようになったのは、公文式の塾に通い始めたことがきっかけでした。**

公文式では、単純な計算問題を繰り返し解き、できるようになれば、学年を無視して上の段階へと進んでいきます。弟は、何度も同じレベルの計算問題に取り組むうちに、満点を取るようになり、生まれて初めて「自分はできる」という実感を持つことができたのです。こうして、弟は、小学3年生で人並みの成績まで追いつき、その後も「自分はできる」という自信を持ち続けたのです。

公文式に限らずとも市販のドリルを活用しても、同じ効果は期待できます。

うまくいかないときには、多少レベルを落としても「できた」という体験を増やすのを優先してください。とにかく「いい点数を取れた」「自分はできる」と思えるような体験をどんどん積み重ねていくのです。

どんな勉強でも「できる」ところから始めるのが基本ですが、特に小学校低学年で「できる」体験をさせておくことには非常に大きな意味があります。この小さな成功体験を足がかりに、男の子は自信を身につけていきます。

スロースタートの子も、自信を持てば、急激にレベルアップしていく可能性は十分にあります。

「できなくても愛されている」という土台

子どもが自分で自信を持つ上では、親が子どもに対して絶対的な愛情を注ぐことが不可欠です。

親が絶対的な愛情を注ぐべき、などと言うと、どんな親だって無条件に子どもを愛しているとの指摘を受けそうです。けれども、**実は、無意識のうちに条件つきの愛を子どもに向けている親が少なくありません。**

たとえば、ある2人兄弟の家庭があったとします。兄は、ルックスもよく、愛想がいい性格もあいまって、みんなのアイドル的存在としてちやほやされていました。これに対して、弟は生来無愛想なところがあり、スポーツも不得意で、ルックスもいまいち。

ところが、兄はみんなにちやほやされ続けて慢心してしまったのか、勉強は不熱心で、せっかくの中学受験にも失敗してしまいました。一方、弟は勉強くらいしか取り柄がなかったため、一生懸命勉強した結果、見事有名中学に合格します。

こうなると、周囲は手のひらを返したように、急に弟をちやほやし始めます。そのとき、弟が「自分は有名中学に合格したから受け入れてもらえているんだ」と考えても不思議ではありません。つまり、自分の全人格が認められたという感覚は持てず、「僕は条件つきで愛されている」との認識を持つ可能性があります。そして大人になってからも、「自分は一流企業に勤務しているから人から相手にされているだけ」と考えるような人格が形成されるかもしれないのです。

これに対して、無条件で愛されていると自覚している子は、親から「勉強しなさい」と言われたときに、素直に奮起できます。「お母さんは、自分のことを思って言ってくれているんだな」などと受け止められるからです。

「東大に入らなければ自分は終わりだ」と思っている子と、「もともと愛されているのだから、東大に入れば鬼に金棒だ」と思っている子とでは、プレッシャーのかかり方がまったく違います。後者のほうがのびのび生きていけるのは明らかです。

ですから、親が「勉強できないとダメ」と追い込むのは厳禁です。勉強ができなくても、ルックスがいまいちでも、無条件に愛することが大切なのです。

何も特別に甘やかす必要などありません。日常の中で、子どもが愛されているという実感を持てるような、ちょっとした言葉かけを心がけましょう。

こう言おう！

「何があっても、味方だよ」

「この子はダメだ」は伝わる

子どもに「勉強しなくてもいい」と言う親はなかなかいません。ほとんどの親は子どもに対して「勉強してほしい」と思っていますし、実際に「勉強したほうがいいよ」と声をかけていると思います。

しかし、「勉強しなさい」と強く言い続けることで、かえって子どもが勉強嫌いになるのでは、と心配する人は多いようです。また、ついつい勉強をサボっている男の子に対して小言を言い始めると、エスカレートしてしまう人もいることでしょう。

確かに、親から「勉強しなさい」と強く言われて傷ついてしまう子はいます。ただ、「勉強しなさい」という言葉そのものが悪いのではありません。問題は子どもに対するコミュニケーションにあると考えるべきです。

「勉強しなさい」という言葉はたまたま子どもが傷つく引き金になっただけで、本質的な問題は別のところにあります。日常的に愛情を注がれていない、あるいはコミュニケーションがそもそも少ないのかもしれません。

もっというと、親自身の態度に子どもは「この子はダメだ」という軽蔑を感じとっている可能性があります。**子どもは「親が自分のことをどう思ってくれているか」を非常に敏感に受け止めます。**ただでさえ人から軽蔑されるとつらいのに、親から軽蔑されたら精神的に大ダメージを受けるのは当然です。

私が子どものころは、母親から「勉強しないとロクなことにならないよ」などと言われ続けていましたし、たいていの家庭では同じような光景が日常的だったと思います。

しかし、当時の子どもは精神的なダメージを受けたりはしませんでした。それはおそらく「あなたはできるはず」「あなたのために言っている」という姿勢を子どもたちが感じ取っていたからではないでしょうか。

同じ「勉強しなさい」という言葉でも、「どうせダメだ」というスタンスと「できるはず」というスタンスで発せられたメッセージとでは天と地ほどの差があります。

普段から子どもに対して愛情をかけていることに自信があるなら、勉強が社会で生きていくために絶対善であると信じているのなら、「勉強しなさい」と子どもに言うことを恐れるべきではありません。子どものためを思って言うのですから、堂々と「勉強しなさい」と言えばいいのです。

こう言おう！

「勉強しなさい。あなたならできるよ」

「頭がいい人は格好いいね」と口にする

子どもが自分から勉強するにあたっては、「勉強できること、頭がいいことが格好いい」という価値観を持っているかどうかも重要です。

私自身は、小さいころからスポーツが苦手だったこともあり、早くから勉強に価値を置き、「勉強できることこそが格好いい」と自ら言い聞かせながら毎日を過ごしていました。たとえば、友達とヒーローごっこをして遊ぶようなときも、周囲の子がウルトラマンなどのヒーロー役になりたがるのを尻目に、私は悪のエージェント役になりきるのがお決まりでした。

子どものころの私は、なんとなく悪の親玉にインテリジェンスを感じていました。大義名分もよくわからないまま人間のために戦わされるヒーローよりも、地球侵略をもくろむ悪役の親玉のほうが、自分の頭で考えているという意味ではるかに共感できたのは確かです。『マグマ大使』という特撮モノでは、「宇宙の帝王」ゴアに、そこはかとないシンパシーを感じるような子どもでした。

悪役にシンパシーを感じるかどうかはともかく、子どもに「頭がいいほうが格好いい」

と思わせるに越したことはありません。

よく東大卒の官僚が不祥事を起こしたニュースが報道されると、ついついこんな言葉を発してしまう親がいます。

「やっぱり東大を出ているようなやつはろくな人間じゃないな」

「学校の勉強ばかりして、肝心な人生を学んでいないからこんなことになる」

それでいて、子どものテストの成績が芳しくなかったときに「勉強しろ」などと叱責するのは、完全なダブルスタンダードであり、子どもを迷わせるだけです。

東大の悪口を言うのではあれば、子どもが寝たあとにすべきです。あるいは子どもの前では次のように言うべきでしょう。

「こういうおかしな人もいるけど、これがニュースになるということは、東大出の残りの人たちは真面目に働いて国を動かしているということなんだよ」

日常の何げない会話の内容が、子どもの価値観には大きな影響を与えます。

子どもに自ら勉強をさせたいのであれば、言動には細心の注意を払うようにしましょう。

言っては いけない！

「東大出てても、ダメなやつは多いな」

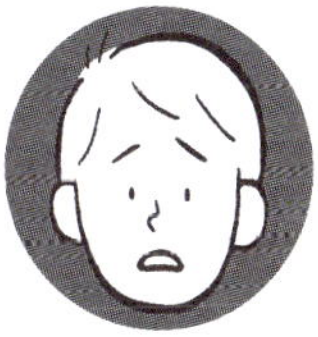

学校の先生の教え方が「絶対」ではない

プロのスポーツチームでは、コーチが選手たちを技術的に細かく指導し、結果を残していけるように導きます。

結果を出せば選手が評価される一方で、結果が出なかったとき、コーチは指導力不足の責任を問われることになります。そして、ときにはシーズン途中で解任されることもある。厳しいですが、これが実力社会というものです。

教えるプロが、教える能力の有無で評価されるのは基本中の基本です。けれども、学校の先生はそうとも言い切れません。

先生といっても、個性やスキルはさまざまです。知識や見識が十分でも、教える能力に乏しい先生もいます。とにかく問題をつくる能力に長けているという先生もいます。問題を作成するのは苦手でも、授業をするのは得意という先生もいます。

もちろん、すべての能力に劣っている先生だっているでしょう。

にもかかわらず、「教える技術に乏しい」という理由で学校の先生の評価が下がったという話は、ほとんど耳にすることがありません。

残念ながら、教えるスキルに欠けた先生のもとについたことで、子どもが授業についていけなくなる可能性はあります。

授業についていけないときは、親がフォローするしかありません。最悪なのは親が「うちの子は頭が悪い」と思ったり、それを子どもに言ってしまったりすること。大切なのは、子どもに対して、こう思わせることです。

「僕は勉強できないのではなく、先生の教え方が僕に合っていないだけだ」

学校で学んだのと同じ内容を、理解できるまで何度も丁寧に説明しましょう。

「**学校の先生の教え方が下手なだけで、○○君が勉強できないわけじゃないよ**」

このように自信を持たせる言葉かけが必要ですが、それだけでは不十分です。

「学校とは別の教え方で教えてもらったらできた」という成功体験があれば、先の言葉にも説得力が生まれます。実際に問題を解かせてみれば、子どもがどこでつかえているのか気づくものです。改善ポイントを見つけて、具体的に改善を指導する。この「つきっきりのサポート」ができるのは親だけなのです。

こう言おう！

「先生の教え方が合わないのかもしれないね」

夢や目標で、男子は「激変」する

灘中に合格した結果、すっかり安心した私は、勉強に対する意欲を失ってしまいました。中学受験のために通っていた塾の先生から、「灘中にさえ合格すれば、あとは東大にもトコロテン式に合格できる」と頻繁に言われていたのも大きく影響していたと思います。

「灘中に合格する」という目標を達成したとたんに、人生の支えとなるものを失ってしまったような感覚がありました。いわゆる燃え尽き症候群です。

そんな私に転機が訪れたのは高校2年のとき。映画監督になりたいという夢を持ったのです。とはいえ自主映画を撮るためのお金は簡単には集まりません。金銭的に恵まれていて、なおかつ自由度の高い職業につく必要があると考えました。

そしていろいろと考えた結果、不純な動機ではありましたが、夢を実現するためには医者になるのが一番だと気づきました。

医者になろうと考えたのは、母親から繰り返し「医者か弁護士になれ」と言われてきたのも影響していました。「とにかく資格を持て、資格を持たないとお前は食べていけないよ」としつこく吹き込まれた記憶が頭の片隅にあったのです。

私はまず「東大の医学部に合格する」という目標を立てました。当時の成績は、東大を志望するなどおこがましいほどでした。そんな落ちこぼれが合格するには、何をどう勉強すればいいのか。突き詰めた結果生まれたのが、暗記数学に代表される「和田式受験勉強術」の原型でした。自作の勉強術を実践した結果、成績は短期間でどんどん上昇していきました。成績が上がるにつれ、私は自信を取り戻しました。

東大医学部合格という目標が明確になったことによって、勉強や模試にも真剣に取り組むようになりました。不思議なことに、私を見る周囲の目も変わり、バカにされたりいじめられたりすることもなくなったのです。

目標を持ったとたんに、子どもはそれを達成するために行動を変えようとします。結果として、性格まで別人のように変貌することがあります。

子どもが自分で夢や目標を明確にしたならば、温かくサポートしていきましょう。

夢や目標を自分で見つけ出せない子には、「人の命を助けられる医者は立派だね」などと、親の希望を伝えるのはかまいません。ただし、最終的に決めるのは子ども自身です。

こう言おう！

「人の命を助けられる医者は立派だね！」

「東大へ入れる可能性がある」と伝える

親が子どもに対して、確率論で、冷静に社会の現実を教えていくのが効果的なときもあります。

たとえば、子どもが「プロ野球選手になりたい」というケースと、「東大に入りたい」というケースを考えてみましょう。どちらも漠然とハードルが高そうなコースだと感じられるかもしれません。でも、実際に比較すれば、**東大に入学する学生は、全学部合わせて毎年3100人くらい**いるのに対して、プロ野球のドラフト会議で指名される選手は、毎年90人程度。単純計算でも、東大に合格するほうが30倍以上、簡単です。

プロ野球選手になれる90人と比較的近い実数なのが、東大理Ⅲの合格者です。この両者を確率論で比較してみましょう。

プロの球団に入団した選手のうち、プロ選手としてプレーし続けられる人はせいぜい10人程度でしょう。残りの80人は、数年後には自由契約となり、新たな職業を見つけて転職せざるを得ないのが厳しい現実です。さらに、どんなに一線で活躍した選手でも40歳前後に引退の時期を迎えますし、引退後に解説者やコーチなどの肩書で食べていける人は年に

2～3人程度ではないでしょうか。

一方、東大理Ⅲに合格した学生はどうでしょう。東大を卒業しても貧しい医師になる可能性はありますが、まったく食べていけないということは考えにくいと思います。しかも、40歳で引退どころか80歳でも現役であろうと思えば働き続けることが可能です。

たとえば、子どもが「大学なんか行かなくてもいい。田中角栄は小学校しか出ていないのに、総理大臣まで上り詰めたじゃないか」などと屁理屈を持ち出したときも、確率論で諭せば一定の説得力があります。

「小学校を出て総理大臣になった人と、東大を出て総理大臣になった人はどっちが多い？」

「平均年収が学歴で違うか知っているの？」

右肩上がりの時代は、学歴にかかわらずそれなりに若者が豊かになれる状況がありましたが、今は1人の勝ち組と99人の負け組が生まれる恐ろしいほどの格差の時代です。勉強をしなければ、ただ落伍者として放置されるかもしれません。確率論で理路整然と伝えても、最終的に進路を選択するのは子ども自身です。けれども、子どもの屁理屈に親が反論できないことが一番の問題なのです。

こう言おう！

「プロ野球選手と東大、どっちが行きやすいかな？」

子どもに「いい性格」を望む親

子どもが熱心に勉強するのはよいけれど、性格が悪くなりはしないだろうか、と心配する声があります。世の中には、「勉強ばかりする人は性格が悪い」「勉強で勝つことばかり考えていて、負けている人に冷たい」とみなす風潮があります。しかし、そんな風潮に影響されて、勉強をあきらめるようなことがあっては、本末転倒もいいところです。

私のまわりでは、中学生のころは、生意気で自己中心的な生徒もいましたが、高校生くらいになると、彼らも少しずつまともになっていました。灘高について「ガリ勉が足を引っ張り合いながら競争している学校」だと外から評されることがありますが、まったくの偏見です。

生徒たちは足の引っ張り合いをするどころか、むしろ受験の情報を交換したり、勉強法を教え合うなど、協力関係ができていました。みんなから嫌われて孤立するよりも、お互いに協力したほうが成績も上がるし、東大にも合格しやすくなる。灘高生のほとんどは、それを知っていたのです。

ですから、**小さいころから男の子に「いい性格」であることを求める必要はありません。**

言ってはいけない！

「お友達に嫌われてはダメよ」

「みんなと仲良くしなければならない」「友達に嫌われてはいけない」と強要され続けた子は、「いい性格」でなければならないことに負担を感じるようになります。

性格が悪いと言われたくない、性格が悪いと生きている価値がない——。このように思い詰めた結果、人前では常にいい人を装い、友達の顔色をうかがいながら振る舞うことを覚えます。

たしかにみんなに合わせて物わかりのいい「いい性格」であるように見えますが、心の中ではストレスが積み重なる一方です。しかも、友達には本音を隠すようになるので、心を割って話せる親友をつくることができません。結果的に、本来の自分を見失ってしまうのです。

子どもが、ある時期まで生意気だったり傲慢《ごうまん》だったりするのは、自然な姿です。そうやって本音で周囲とぶつかっているうちに、親友との結びつきができたり、異性と付き合ったりして、人との付き合い方を覚えていくのです。小さいころから、子どもに性格のよさを求めるのはやめましょう。それよりも、子どもの知的好奇心を育てることに全力を注ぐべきです。

男の子の「背伸び」を認めてあげる

日本では、大人びた子よりも、幼稚なタイプの子をかわいがる傾向があります。

これは大人の世界でも同様で、年齢を重ねることを極端に敬遠する風潮があります。年齢に応じて成長した人が正当に評価されず、若さだけでちやほやされるケースには枚挙にいとまがありません。

しかし、この風潮は子どもを成長させる上で、非常に危険といえます。子どもを成長させてこその子育てなのに、無知で幼い子を持ち上げていたのでは、親の教育の放棄につながりかねないからです。

無理に成長を促すのもよくないですが、本人が通常ペースよりも早く成長したいという意欲を示したならば、「まだ早いよ」などと標準ペースを押しつけるのではなく、「すごい！」「もう6年生みたいだね」などと褒めて伸ばしていくのが親の役目です。

私自身、早熟なタイプの子どもだったこともあり、小学校中学年にもなると『仮面ライダー』などの特撮モノが幼稚に思えるようになりました。とくに中学受験塾に通うようになってからは、自分や同級生たちよりも大人だという意識が強くなったように思います。

「同級生よりも大人びていたい」という男の子の気持ちは成長において大切だ、と私は考えます。子どもが背伸びしたいという欲求を認めることも、子どもを勉強に向かわせる教育の一環だからです。

私は、「テレビなんかもう卒業したよ」と自覚したことで、中学受験に向かうための切り替えができたように感じています。幼いころに好きだったものから卒業すれば、子どもは成長を実感し、もっと大人っぽいこと、難しいことへとチャレンジしていけるようになります。

読書にしても、男の子が難しそうな本を読んでいたら、「そんなの理解できない」「頭でっかちな子になるのでは」などと危惧する心配は無用です。

あるいは、勉強は1学年も2学年も上を目指そうとするけれど、相変わらず幼児向けのテレビ番組も大好きで、その成長のアンバランスが気になるというケースもあるかもしれません。この場合は、短所に目を向けるよりも「勉強ができる」という長所に目を向け、どんどん伸ばしていけばよいのです。短所に目を向けて長所を伸ばすのを躊躇《ちゅうちょ》することがあってはなりません。

こう言おう！

「すごい！　もう6年生みたいだね」

「スポーツができて勉強はダメ」はウソ

男の子は女の子に比べて成長に遅れがあります。だからこそ、取り柄を見つけて伸ばす必要があります。

ただし、ここで注意していただきたいポイントが1つあります。

仮に、子どもがスポーツを得意としていた場合、スポーツの才能を伸ばしていくのはよいのですが、だからといって勉強を二の次にしてはいけないということです。冷静に考えれば、勉強ができる子は大脳皮質が発達しており、この大脳皮質は運動能力とも密接にかかわっていますから、むしろスポーツができる子は勉強もできるほうが自然です。

「スポーツが得意ということは、脳が発達しているということなんだから、勉強もできて当然なんだよ。スポーツができて、勉強もできるなんて格好いいよね」

子どもにはこんなふうに伝えてほしいと思います。

一般的に、日本では学力と運動能力は別物という考え方が浸透しています。だからこそ、2つを両立している人を見ると、「文武両道」などと特別にもてはやす傾向もあります。ですが、その風潮のもととなっているのは、スポーツさえできれば、勉強しなくても進学できるという特殊なシステムです。

スポーツができれば、高校や大学に推薦入学でき、勉強らしい勉強をしなくても卒業できる。となれば、そうした学生たちに勉強のモチベーションがわかないのも、実際に学力がないのも当然です。

私は、一度でいいから「一般入試で合格した東京六大学野球」のリーグ戦を開催してほしいと願っています。あるいは、「一般入学リーグ」と「推薦入学リーグ」に分けて試合をしたらどうだろうと夢想します。早稲田も明治も、法政大学も、みんな一般入試を突破した学生だけがグラウンドに立つ。そうしたら、東大野球部もそこそこ健闘するのではないでしょうか。いずれにせよ「スポーツができる＝低学力」ではなく、スポーツのみで勉強がおろそかだったから低学力というだけの話です。

なお、勉強だけに集中してスポーツを軽視するのももったいない育て方です。勉強とスポーツの両方できる子のほうが、「自分はなんでもできる」という自信を持ちます。自己評価が高ければ、ますます能力を伸ばすことができます。小学校くらいまでの男の子は、勉強もスポーツもできるようになるという欲張り型の子育てを意識しましょう。

こう言おう！

「○○君はなんにでもなれるね！」

勉強は、「誰でも」伸びる

勉強とスポーツ、どちらの能力も伸ばせると言いましたが、あまりに無理矢理とり組ませようとすると、逆効果になる恐れがあります。

なにしろ私自身、スポーツ嫌いをこじらせて、長くコンプレックスを抱えた過去を持っています。どうしても両立が難しい子がいるのは理解できます。

ですので、あくまでも「勝てる分野」を優先して伸ばしていくのが基本です。

スポーツと勉強を比較すれば、やはり「勝てる分野」にしやすいのは、圧倒的に勉強です。

そもそもスポーツは、体格や身体能力による個人差が大きく影響します。短距離走を苦手とする子でも、コーチのもとで特訓を積めば確実にタイムは短縮できるでしょうが、全校で一番になれるかといえば難しいものがあります。

一方で、勉強にはその可能性が十分にありますし、そもそも「手軽」でもあります。

たとえば、市販のドリルなどを使って漢字の書きとり練習を繰り返せば、テストで満点をとれる可能性は高まります。計算のテストで満点をとるのも、そこまでハードルが高いとはいえません。勉強を伸ばすほうがはるかにコストパフォーマンスがよいのです。

また、仮にスポーツを大得意にしている子でも、将来的にスポーツで食べていける確率は非常に低いのが現実です。

一方で、勉強をしておけば、「はじめに」でお伝えしたように、将来の職業の選択肢が広がるのは確実です。私自身、東大を卒業したから、勉強ができるからといって絶対に幸せになれるとは考えていません。しかし、東大を出た人が、高卒の人と比較して、職業選択の幅が広いという事実は曲げようがありません。そう考えると、やはり最低限、勉強をしておくのはリスクヘッジとしても有効ではないでしょうか。

男の子の場合、女の子以上に、顔よりも話術、学歴、収入が期待される傾向があります。「勉強ができてイケメン」というのは確かに鬼に金棒です。けれども、別にイケメンでなくても、きちんと学問を修めて堅実な職業に就けば社会で一目置かれるのですから、それほど失望する必要はありません。

勉強は、やればやっただけチャンスを得られる公平な分野です。ですから、少なくとも勉強だけは、あきらめずに伸ばしてほしいと思うのです。

こう言おう！

「漢字の書きとり、やったらできたね！」

第3章

男子の勉強の「取り組み方」

家庭で「何」をするか?

漠然と子どもに勉強をさせて、結果に一喜一憂する。
あるいは、うまくいかないときに「うちの子は素質がない」などとあきらめてしまう。
こうした親の態度は、子どもの将来を大きく損ないます。
勉強は「やり方しだい」です。
適切なやり方を実践すれば、確実に成績は上がります。
1つのやり方がダメだったら、別のやり方を試せばいいのです。
子どもに合ったやり方は、必ず見つかります。
では、もっとも効果的な勉強法をどのように見つけるのか。
この章では、いくつかのヒントをご紹介します。

「詰め込み教育」を恐れない

「詰め込み教育」という言葉には否定的なイメージがつきまといます。「詰め込み教育」も「ゆとり教育」もダメ。だから大学入試に多面的な選抜方式を導入するのだ、と理解している人もいます。

しかし、**詰め込み教育への批判はおおむね情緒的であって、何がダメなのか根拠のある論評はほとんど見られません。**

詰め込み教育は、子どもの創造性や思考力を奪うという意見があります。かつては、詰め込み教育を受けた子を、ロボットのように非人間的にとらえる風潮もありました。けれども、世界を見渡せば、「19×19」までのかけ算をみっちり教え込むインドのような国が、ITの分野で世界的な技術者を輩出しています。

実際、1980年代までの日本の初等中等教育は、アジア諸国だけでなく、イギリスやアメリカまでもがお手本にするくらいに成功例として評価されていました。今も、諸外国の初等中等教育は、詰め込み式の発想で設計されています。

日本と諸外国の教育が異なるのは、大学教育以降です。

諸外国では大学になると、既存の知識を疑うための考え方を教えます。ところが日本の場合、大学では一方的に教授の学説を教えてもらうだけで、自ら考える機会はほとんどありません。ですから、詰め込み教育が創造性や思考力を奪うというのは間違っています。詰め込んだ知識をもとに、大学教育で創造性や思考力を養っていくべきです。つまり、本当に変えるべきは大学教育であって、大学入試ではないのです。

詰め込み教育では、子どもが勉強の意欲をなくし、落ちこぼれを増やすという意見もあります。

しかし、ゆとり教育をした結果はどうだったでしょうか。かえって学習意欲のない子が増え、進学塾に通う子との学力の差が拡大しただけではないでしょうか。

あるいは、詰め込み教育が子どものメンタル疾患につながるという批判もあります。けれども、受験競争の激しかった80年代ころは、子どもの自殺率は下がる傾向にありました。そして、ゆとり教育になったおかげで下がったということはありません。

子どもが新しい知識を覚え、勉強ができるようになるのを喜んでいる限り、詰め込み教育を恐れる必要はありません。

とくに小学生時代は、知識をたくさん詰め込むチャンスです。この時期を逃すと一生の損になると心得ましょう。

勉強は「やり方」がすべて

「そもそも、あの人たちとは頭のつくりが違う」

勉強ができる子や、高学歴の家庭を見ているとこう思ってしまいがちです。

親の学歴が低かったり、所得が低い家庭ほど子どもの成績も悪いといったデータもあります。それらを目にすると、やはり**「学力は遺伝だ」と言いたくもなります。**

実は、私もそう感じていた時期があります。苦心して灘中に入学後、成績が急降下し、落ちこぼれグループの仲間入りをしたころのことです。私の成績は、入学時に173人中5番目に位置していたのに、1年目で120番まで急降下していました。まわりを見渡すと、成績上位グループの親はやはり軒並み高学歴であるのに対して、下位グループの子は実家が個人商店を営んでいるか、私のように親が中堅大学卒の家庭が大半でした。

「遺伝じゃどうしようもない。今さら努力してもムダ」と、ますます勉強に身が入らなくなったのです。

しかし、後からわかったのですが、親が高学歴の家庭では、「灘中に合格したくらいで勉強の手をゆるめるべきではない」と認識しており、子どもにもしっかり勉強させていました。要するに、スタートダッシュに成功したから成績が伸びていたということです。**下位グループの家庭との違いは遺伝ではなく、「意識の差」だったのです。**

親が受験勝者であれば、子どもに勝ち方を教えることができます。逆に、親が受験を知らない人はそれを知らなかったわけです。

結論をいえば、**受験で勝つ方法を親が知ればよいだけの話です。勉強は「やり方」しだいです。**子どもに勉強で勝てる方法さえ教えれば、確実に伸びるのです。

物事には上達のコツが必ず存在します。ゴルフなどのスポーツでも、素質であきらめていたらそこで終わりです。プロやアマチュアのシングルプレイヤーなどに上達のコツを教えてもらえば、今より確実にうまくなります。営業でも、ビジネス書などを読んで研究すれば、少なくとも成績は向上するはずです。

まわりの勉強ができる子と友だちになってコツを教えてもらい、やり方を盗むことができれば、学校の成績も確実に上がります。

私が高校2年生になってから数学の成績が急上昇したのも「答えを見て覚える」方法に気づいたからです。それ以降、問題を解くスピードが格段に速くなったのです。

こう言おう！

「勉強は遺伝じゃない。〝やり方〟しだいだよ」

「お受験」の幼児教育はいらない

近年は、子どもを公立小学校に入れる予定でも、子どもに早い段階から教育を施したほうがよいのではと考え、実際に幼児教育に力を入れるケースが増えています。幼児教育の教室では、いわゆる「お受験」を意識した教育が行われています。

私自身の経験に照らせば、お受験用の幼児教育は不要だと考えています。

私は、公立の小学校から灘中学へ進学しました。灘中では、私立の名門小学校出身の子どももたくさん進学していましたが、最終的な大学受験の結果を見るかぎり、特に目立って優秀とはいえませんでした。むしろ、**公立小学校出身者のほうが優れており、東大の理Ⅲでは、ほとんどの学生が公立小学校出身だった**と記憶しています。

幼児教育については、親がお受験に力を入れすぎたり、子どもにプレッシャーをかけすぎたりすると、かえって子どもの学力を損なうと感じています。

たとえば、子どもが間違った答えを口にしたときに、「違うでしょ！」と叱りつけてしまうことがあります。「不正解＝お受験に失敗」という強迫観念にとらわれているせいか、ついついキツい口調で子どもを責めるのです。しかし、本書ではすでにお伝えしているように、これでは子どもを勉強嫌いにさせるだけです。

小学校に入学する前の幼児期は、個人差も大きいため、勉強ができる・できないにこだわってもあまり意味はありません。それよりも、知的好奇心を喚起するほうが大切です。

たとえば絵本を読み聞かせながら、自分で本を読めるように導くのも1つの方法です。学校の勉強のように一字一字教えようとしなくても、何度も同じ本を読み聞かせていれば、子どもは音で記憶して、言葉を覚えていきます。

本が読めるようになったら、自分の名前をひらがなで書かせてみます。最初は、まるで文字にならないかもしれませんが、気にする必要はありません。根気よく正しい書き方を教えていきましょう。

数に興味を持つようになったら、初歩的な足し算を教えていきます。「リンゴがここに2個あって、そこにもう2つのリンゴを足したらいくつになる？」など、物をたとえに問題を出して考えさせます。指を使ってでも「4つ」と答えられたら「すごいね！　小学校のお兄ちゃんが勉強することができているよ」などと大げさに褒めてあげます。

やはり、重要なのは「自分は勉強ができる」という自信なのです。

言ってはいけない！

「（間違えたときに）違うでしょ！」

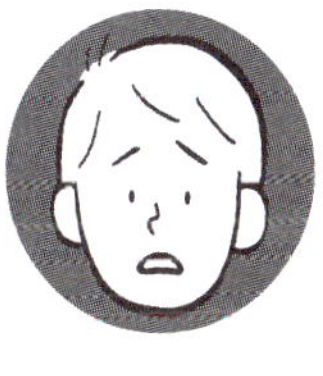

小学校の教科書は、できるところまで先取りする

女の子と比べて勉強が遅れがちな男の子には、積極的に先取り学習をさせていく必要があります。小学校に入学したら、夏休みが終わるまで、遅くとも秋までには、1年生の教科書を終わらせるくらいの先取りが理想です。これは、けっして無理なペースではありません。

教科書を秋までに終わらせることで、男の子は勉強に自信をもちます。教科書をクリアしたときに「すごいね。もう1年生の教科書を終わらせちゃったね」と褒めて、男の子の自尊心をくすぐりましょう。

教科書を先取りしてクリアしたという事実は、「自分は勉強ができる」ということの大きな証明となります。子どもにとっては、ただ「勉強ができるよ」と言われるよりも、はるかに実感が伴う経験となるはずです。

教科書を秋までに終えてしまったら、市販のドリルや参考書など、と先のレベルを目指して勉強を続けていきましょう。計算問題や国語の漢字の書き取りなど、いくら先取りしても先取りしすぎる心配などありません。計算力は大学受験に向けた基礎づくりに直結し

ますし、漢字をたくさん覚えれば、読書の範囲も非常に広がり、知的関心も大きく広がっていく可能性が高いからです。

具体的な1日あたりの勉強時間としては、「学年×20分」が基本となります。

小学校1年生でいえば20分、2年生は40分という計算になります。それ以降も、20分ずつを目安に勉強時間を増やしていきます。

小学6年生は2時間になりますが、中学受験をする場合は4〜5時間必要といえます。

ちなみに、中学入学後もそのペースで勉強時間を増やしていけば、中学3年時に3時間、高校3年時に4時間になります。

1年生のうちから教科書を先取りする習慣が身につくと、将来的に大学受験に向けて、非常に有利になります。

というのも、受験勉強は、人よりも先行して貯金をつくっておく「先行逃げ切り型」の勉強の仕方が圧倒的に有利だからです。貯金をつくっておけば、焦りやプレッシャーも感じにくくなります。余裕をもって勉強に取り組むことができるので、成果も上がりやすくなるのです。

こう言おう！

「すごいね。もう1年生の教科書を終わらせちゃったね」

勉強には「遊び」という、ごほうびを

小学生の男の子が、勉強よりも遊びに夢中になるのは、当然といえば当然です。親としては、多少は遊ばせたほうがよいと理解しつつも、勉強がおろそかになってはと、バランスに悩むことが多いのではないでしょうか。

後述しますが、1日のスケジュールを立てるに当たっては、「食事・睡眠」「勉強」「娯楽」3つの時間帯の配分が重要です。

勉強を続けるには、遊びの時間が重要です。 私自身、大学受験時には、映画観賞を楽しみにしていて、映画館に行く前後の時間には集中して勉強したのを覚えています。勉強した自分へのごほうびとして、また、勉強したあとに楽しめるということで集中力を高めるためにも、男の子にとって遊びの時間は不可欠です。

実際、スケジュールをきちんと立てれば、勉強と遊びの時間は十分に確保できるはずです。ただ、ゲームもしたい、サッカーもしたい、テレビも見たい、マンガも読みたいとなると、すべてに取り組むのは困難となります。つまり、勉強以外の遊びは、種類を絞り込む必要があります。本当に子どもがやりたいこと、楽しいと思えることと勉強を両立させ

ていくのです。

友達とサッカーをする時間が一番楽しいならサッカーを、マンガを読んでいるのが至福の時間ならマンガを、子ども自身に選ばせましょう。選んだ遊びについては、1日2時間なら2時間、存分に楽しむのを許します。土日のいずれかは半日くらい思い切り楽しませるのもよいでしょう。

一方で、ヒマつぶし的な遊びは、時間のムダです。心から楽しんでいるわけではないけれど、なんとなくゲームをしてしまう、惰性でテレビを見てしまう、といった時間は減らしましょう。その分、勉強や本当に楽しめる遊びの時間に充てるのが得策です。

受験のために塾通いが始まると、家庭での学習時間と合わせて勉強時間の割合が増え、遊びの時間を制限せざるを得ない状況も生まれます。塾の勉強は多少の復習が必要なので、平日の遊びの時間はなくなるかもしれません。それでも、順調に勉強が進んでいるときは、月に一、二度は休みを利用して思いっきり遊ぶ時間を設けましょう。その時間は、あくまでも子ども自身が楽しみにして、そのために勉強を頑張れるような遊びの時間であるというのが大前提です。

こう言おう！

「遊びの時間は、一番面白いことをしよう！」

テストの結果で「その子の課題」をあぶり出す

テストの点数で一喜一憂する必要はありません。普段のテストは、いわば練習試合のようなもの。練習試合では、勝ち負けよりも、練習の成果を出せているかどうかの確認が大切です。ここで自分の課題に気づけば、次に向けての修正ができます。そして、あくまでも「最後のテスト＝入学試験」で勝てばよいのです。

実際に、**勉強ができる子は、普段のテストを改善のために活用しています。**だから、テストで悪い点数をとってもいちいち落ち込んだりはしないのです。

子どもがテストを持ち帰ったら、どこが正解でどこが不正解だったのかを子どもと一緒に確認しましょう。そして、「どうして正解できなかったのか」「どうして正解できたのか」を振り返ります。**不正解には、大きく2つのパターンがあると気づくはずです。**

1つは、うっかりミスによる間違いや、あと一歩で正解にたどり着けなかったパターン。要するに、正解できる力はあるものの、ほんの少し力不足だったケースです。

もう1つは、どうしてその答えになるのか、どうすれば答えを導き出せるのか、見当がつかないパターン。要するにまったく歯が立たないケースです。

「不正解だった」と片付けるのではなく、どちらのパターンだったかを検証します。

前者のパターンだったときは、似たような問題をたくさん解いて力不足を解消します。たくさん量をこなせば必ず解けるようになります。

後者のパターンは、参考書の力を借りるなどして、解き方を学び直します。つまずいたところまで戻って勉強し直すことが大切です。必要ならば、1年や2年前の勉強にまでさかのぼる勇気が大切です。放っておくと、ますますわからなくなる一方です。解き方を学んだら、やさしい問題からたくさんチャレンジします。そこから少しずつレベルアップを図るのです。

なお、正解できた問題も、なぜ正解できたのかを検証しておきましょう。きちんと理解した上で正解しているケースは問題ありません。しかし、**なんとなく答えて正解になっているケースは問題です。**理解しないまま次に進むので、やがてそこがつまずきの原因となります。テストで弱点を見つけたら、弱点克服メニューを考えましょう。「漢字の書き取りを20回、毎朝、学校に行く前にやる」「計算したあとに必ずチェックする」などと決めて、必ず実行することが大切です。

「○○君のわからないところが見つかったね！」

テストこそ「最強の参考書」

前項でお話ししたテストを活用した「課題の発見→修正」をもっとたくさん経験する方法があります。それが、自宅でテストを実施することです。

書店でテスト形式の問題集を購入して、時間を計りながら実際にテストを行います。このときに親は、どの問題でどのくらい時間をかけていたかをチェックします。

これによって、どんな問題に手こずってしまうのか、あるいは解けないのかといった弱点をあぶり出します。弱点が見つかったら改善を図るのは、学校のテストと同じです。

改善のための勉強をしたら、もう一度、同じテストに取り組んでみましょう。家で行ったテストだけでなく、学校でのテストや、塾のテストなどをやり直すのも有効です。子ども自身は、同じテストに取り組むのが面白くないこともあるので、親が協力して「そろそろ、この前のテストをもう一度やってみようか」と提案するのです。

改善は、修正後の再確認をすることではじめて完結します。中途半端に改善したつもりは、改善していないのと同じ。もう一度同じテストを受けて正解すれば、子ども自身も「勉強したかいがあった」と実感できます。

さて、テストを何回か受けるうちに、子どもの個性に応じたテストの受け方もわかってきます。こうした技をストックしておくのも重要な戦略です。以下に、テストを受けるときのコツを紹介します。実際に使えそうなら、技の1つに加えておきましょう。

1つは、テストは1問目から解かないという方法です。国語のテストなどは、最初に長い文章を読解して答えるパターンが多いといえます。ここで、文章を読むのを後回しにするのです。テストが始まったら、まず全部の問題をざっと眺めます。そして、漢字の書き取りや計算問題など、知識があれば単純に解けそうな問題から手をつけます。

問題にもよりますが、「2分考えても解き方がわからない問題は後回しにする」といったルールを決めておくのもよいでしょう。2分考えてもわからない問題は、10分考えてもわからないことが多いため、時間のロスを防げます。

2つめのコツは、得意とする問題から解くという方法です。計算問題が得意なら計算問題から、図形問題が得意なら図形問題から解きます。

なお、後回しにした問題も、最後に解き方がわかることもあるので、絶対にあきらめない姿勢をクセづけましょう。

こう言おう！

「そろそろ、この前のテストをもう一度やってみようか」

勉強の「やり方」を変える4つのポイント

子どもがテストでいい点数をとれなかったとき、「この子は勉強の素質がない」と決めつけてはいないでしょうか。とくに、ある程度時間をかけたにもかかわらず結果が伴わないと、あきらめてしまいがちです。しかし、**成績がよくない子どもを分析すると、たいていは頭が悪いのではなく、勉強の「やり方」を間違っているケースがほとんどです。**

たとえば、算数の文章題に一生懸命取り組んでいるように見えても、実際にはウンウンうなっているだけで時間を費やしていたならば、成績が上がらないのも当然です。塾で教えてもらっても、復習しなければ、その場限りの理解に終わるため、やはり成績には結びつきません。

私自身は、解法のパターンを暗記して解くという手法に気づいたことで成績も上がりましたし、「**勉強は〝やり方〟しだいだ**」という信念を持つようにもなりました。

灘高時代、公立高校に進学した小学校時代の友人たちに、「数学ができないときは、答えを見て覚えればいいんだよ」とアドバイスしたところ、その1人が東大に現役合格しました。それを見て、私はますます自分の勉強法に確信を深めたのです。

結果が出ないときには、子どもの頭ではなく、まず勉強法を疑ってください。私の場合は、以下のポイントにしたがって、勉強のやり方を変えるようにアドバイスしています。

①**成績を上げるために必要なのは、勉強の量であって時間ではない。**どれだけ時間を費やしても、量をこなしていないならば、成績は伸びない。時間に対して勉強量が伴っていない場合は、勉強のやり方を変えるべき。

②**勉強量をこなしたとしても、記憶に定着しなければ意味がない。**たとえば、１冊のドリルに取り組んでも、きちんと復習しなければ、記憶にはほとんど残らない。学んだ内容をきちんと復習しているかをチェックすべき。

③**目標に即した勉強でないと、努力がムダになる。**受験の場合は出題範囲を押さえるのはもちろん、問題に問われる形で答えられるようにしておかなければ得点につながらない。問題集や過去問を使って、実際に答えるトレーニングをすべき。

④**理解できていなければ、勉強をしても頭に残らない。**わかるところまで戻ってやり直す、またはレベルを下げて、わかりやすい参考書を買うなどの方法で理解に努めるべき。

こう言おう！

「わからなかったら、答えを見てみよう」

もしも勉強が遅れていたら

子どもが学校の勉強についていけないとき、焦って追い立てたり、あきらめたりすると本当に追いつけなくなります。遅れてしまった場合は、追いつくための方法を駆使すべきです。そのためのポイントはいくつかあります。

1つは、**先に進んでいる子が勉強していない時期を狙う方法です。**夏休みや春休みなど、時間がふんだんにある長期の休みは、勉強に費やせる絶対的な時間があるので、他の子よりも勉強量をこなせば、学力を伸ばすことは可能です。

ただし、注意しておきたい点があります。苦手科目を克服しようとして、苦手科目ばかりに集中したり、1日中勉強漬けなどの無理なスケジュールを組んだりするのは避けるということです。

苦手科日ばかり、しかも長時間取り組んでいると、子どもは勉強につくづく嫌気がさし、先に進んでいる子に追いつくどころか、逆に差をつけられる恐れもあります。

苦手科目は、やればやっただけ伸びるとは限りません。むしろ得意科目を伸ばして、「これなら他の子には負けない」という自信を得てから、苦手科目に取り組んだほうが得策で

す。私自身、高2の終わりまで物理を不得意としていましたが、他の科目の成績を順調に伸ばせたので、余裕をもって苦手な物理の克服に専念できた記憶があります。

休み期間中には、塾や家庭教師を活用するのも1つの手です。解き方を教えてもらうことで、短時間に飛躍的に成績が伸びるケースもあります。

いずれにしても、本書では何度も繰り返すように、勉強は「やり方」しだいです。時間があるからといって、時間をかけることにこだわらないようにしてください。あれこれと、いろいろな勉強法を試してみて、もっとも効果がある方法が見つかれば、その方法に集中するのがポイントです。有効な方法が見つかれば、新学期が始まってからも、短い時間で成果を出せるようになるので、じわじわとできる子を追い上げられます。

小学校の修了時点でも遅れが挽回できなかった場合は、中学入学までがチャンスです。中学受験に合格した優等生たちは、いくら勉強が好きでも多少はほっと一安心して、勉強のペースが落ちるものです。この時期に受験をしなかった子や、志望校に合格できなかった子は、捲《けん》土《ど》重来《ちょうらい》を期してみっちりと勉強をしておくのです。優等生として「中学デビュー」できれば、その後は波に乗って伸びる可能性も小さくありません。

こう言おう！

「○○君は、歴史なら誰にも負けないね」

スケジュールを意識する

学校から帰宅するとすぐにゲームなどを楽しみ、親から注意されてしぶしぶ勉強を始め、夕食の時間がくると食事をして、テレビを見る。

このように、漫然と過ごしている男の子は、時間に追われるという感覚を持っていません。場当たり的に、物事に対応しているだけです。

こうした子に対して、自発的に机に向かうきっかけを与えるには、子どもにもわかりやすいスケジュールを立てる必要があります。

1日のスケジュールを立てるにあたっては、88ページでも述べたように「食事・睡眠」「勉強」「娯楽」という3つの時間帯の配分がポイントとなります。

この中で最優先に考えるべきは、生活に不可欠な「食事・睡眠」です。**特に睡眠時間を削ると、勉強の成果はむしろ上がりにくくなる**ので、十分な時間を確保しておくのが基本です。

次に重要なのが勉強時間です。ただ、勉強時間は長ければ長いほどよいとは限りません。人の集中力には限界があるからです。気分転換のための「遊び」の時間を持つことで、勉強の効率は高まります。

最終的な成果を念頭に置けば、「遊び」の時間も不可欠と考えるのが妥当でしょう。

スケジュールは、親が一方的に立てて押しつけるのではなく、子ども自身に考えさせるとよいでしょう。

集中して勉強できる時間はどれくらいか。勉強の効果を出すためには、どのように時間を割り振ればよいのか。自分の性格やコンディションなどをもとに、スケジュールを考えます。

自分を客観視してスケジュールを立てる能力は、将来、大学受験時にも確実に役立ちますし、社会人になってからは、ますます必須とされます。

最初に立てたスケジュールがうまく機能しなかったら、そのつど改善していきます。改善するからこそ、時間管理のスキルは高まります。

1日のスケジュールが決まったら、1週間単位の時間管理を考えていきましょう。平日に勉強の予定を消化したら、週末は娯楽メインで気分転換するのもよいでしょう。土日のいずれかは、復習や補習のために確保するなどのテクニックも有効です。

こう言おう！

「ねぇ、1日の予定を立ててみようか？」

「復習」をクセにできると断然、有利

昔から、さまざまな記憶術が解説されてきましたが、各種の実験から効果が保証されているテクニックは「反復」です。

19世紀末に、ドイツの心理学者であるヘルマン・エビングハウスが、「エビングハウスの忘却曲線」という実験結果を発表しました。これによると、被験者に意味のない3つのアルファベット羅列を覚えさせたところ、20分後に42％、1時間後に56％、1日後に74％、1週間後に77％、1か月後に79％を忘れるという結果が出ました。

放っておけば、1日で70％以上忘れてしまう一方で、定期的に「反復」すれば、記憶は定着することもわかっています。 子どもの勉強でいえば、要するに「復習が大切」ということです。

学校の授業や進学塾で勉強をしても、すぐに忘れてしまったのでは意味がありません。これは時間とお金を捨てるのも同然です。

週末には必ず「復習日」をつくる、あとからノートを読み返すなど、復習を習慣づける必要があります。

1日のうちに復習に適した時間帯は、朝であるといえます。朝の復習に加えて、週末の「復習日」を習慣づければ、記憶の定着は確実に向上します。これは、私自身の経験からも、数々の受験生の体験談からも断言できます。

では、復習に使う時間はどれくらいが適切でしょうか。ドイツのクリューガーという心理学者の実験によると「記銘《きめい》（情報を覚えること）」にかけた時間の50％の時間をかけた場合と、同じだけの時間をかけた場合とでは、記憶の定着に大差はないと結論づけています。

そうなると、**1時間の勉強に対して、復習には30分もかければ十分といえます。復習は短時間でも効果があるのです。**

復習を効果的なものにするには、余計なことは覚えないというのも大きなポイントです。日々新しい出来事について記憶すると、少し前の出来事を忘れてしまう。これは、私たちが日常的に実感しているはずです。

これは、心理学の世界では「逆向抑制」と呼ばれています。受験の対策としては、必要な知識だけを覚えると効果があるということです。

こう言おう！

「学校で覚えたこと、忘れちゃうから復習しとこうね」

第4章

教科別！　勉強のコツ

「やり方」さえわかれば誰でも頭がよくなる

どの教科にも、できるようになるためのアプローチ、つまり「コツ」があります。

勉強のコツを知って、実践していくことが突破口を切り開きます。

コツを試していくうちに、不得意科目がそれほど苦手ではなくなるかもしれません。むしろ、得意科目になる可能性もあります。

この章では、私がこれまでの経験で培ってきた教科別の勉強法をお伝えします。

中には親のサポートがカギを握る方法もたくさんあります。

ぜひ、親子で一緒にチャレンジしてみてください。

国語

勉強の基礎は「読み」→「書き」の順で

私は現在、東京都内で幼児教室兼保育園を運営しています。

幼児教室というと、どうしても特定の小学校受験に合格するためのもの、というイメージが強いようです。しかし、私はもっと基本的な読み書きそろばん（計算）の能力を身につけてほしいと願っています。

とくに危機感を持っているのが、子どもの日本語のリテラシーです。

「ムカつく」「ウザい」など、ごく限られた単語ですべてを表現しようとする致命的なまでの語彙《ごい》の少なさ、文法的な間違い、文章を読み解いて要約する力……。すべてにおいて、子どもの日本語能力は衰えています。

日本語のリテラシーを鍛えるには、とりもなおさず、正しい日本語に日常的に触れるのが一番です。これは、特別な塾に通わせなくても、家庭内でも十分にできます。

具体的な方法としては、第一に「読み聞かせ」が挙げられます。

私自身、娘の日本語力は絵本の読み聞かせによって培われたと実感しています。読み聞かせを始めたのは消極的な理由でした。私がアメリカに留学していたとき、娘が英語の勉強を嫌がったことから、仕方なく日本語の絵本を取り寄せて読み聞かせたのです。娘が思いのほか喜んだこともあり、熱心に読み聞かせを行う日々が続きました。入手できる冊数が限られていたため、同じ本を何度となく繰り返して読んだのも奏功したのでしょう。しばらくすると、音と文字を一致できるようになり、自分から進んで読み始めました。

やがて日常の中でも、娘の語彙《ごい》力が増えたことに気づきました。物語で使われているちょっと古風な日本語や、難しい言葉を使いこなすようになったのです。

語彙を増やすことは知的レベルの向上に直結します。アメリカでは人が使っている語彙で、その人の階層がわかるとされているくらいです。少なくとも、読み聞かせは子どもを読書好きに育てますし、学力向上にもプラスとなります。

最初の数回は、親がゆっくり読み聞かせをします。子どもが覚えたころを見計らって、「じゃあ、自分で読んでみようか」といって読ませてみます。文字に対して興味を持てば、もっと読みたいという欲求が自然にわいてくるものです。「読み書き」と言われるように、まずは読むのが優先です。

読めるようになると、子どもは自然と書くことも覚えていきます。

こう言おう！

「じゃあ、自分で読んでみようか」

国語

「声に出して読む」ことのすごい効果

反復学習で基礎学力向上を目指す「陰山メソッド」で知られる陰山英男先生は、子どもに「百ます計算」以外にも、知的能力を鍛えるために「きちんと声に出して文章を読むこと」「教科書などでいいとされる文章を丸暗記すること」を重視しています。

脳科学の視点からいえば、音読をすると脳の前頭前野という部分が、計算をしているときと同じくらい活性化することがわかっています。

「小学生のときから文章を暗記させると記憶力がよくなるので、後々中学に進学してからも受験で有利になるメリットがある」

と陰山先生自身、語っています。日本では、昔から子どもに文章の暗唱や音読をさせる文化がありましたが、実際に理にかなった方法だったというわけです。

文章の丸暗記は、文章力の向上にも効果があります。名文家の文章をまねすれば、うまい文章が書けるようになります。実際に小説家を目指す人は、太宰治や志賀直哉の文章を丸写ししながら文章修業を行っていました。文章の丸暗記をすれば、自然と文章修業ができるのです。

たしかに、きれいな日本語を使っている家庭に育った人は、きれいな日本語を話しています。逆に、乱暴な言葉づかいや語彙が貧困な環境で育った人は、やはり乱暴で貧困な語彙しか使えなくなるものです。

言葉を覚えるときには、論理的に文法を覚える以前に、文章を丸ごと覚えて身につけていきます。いい文章をたくさん覚えておくと、書くときにもいい言葉を使いたいという意識が働くようになります。いい文章を覚えるのが、いい文章を使いこなすための近道なのは間違いありません。

小学校低学年の子は、「単純暗記がしやすい記憶システム」になっています。大人からすると「言葉をただ覚えさせるのは退屈かもしれない」と思いがちですが、案外、積極的に取り組む男の子が多いのは、この脳の仕組みが影響しています。

この時期は、理解していないことも頭に入ってしまう特殊な時期です。ですから「詰め込み教育」こそが正解です。とにかくどんどん言葉を覚え込ませるのが得策です。百人一首のカルタ遊びなどで古語を暗記させるのも効果的です。

こう言おう！

「百人一首、丸暗記してみようか」

国語

漢字に強くなるための「コツ」

小学校低学年の国語は、前述したように読み書きが基本です。漢字の書き取りなどを繰り返し訓練させるのも効果があります。

たくさん言葉を覚えさせるだけでも、基礎的な国語の学力は向上する効果があります。

もっとも、子どもによって覚えられる容量には個人差があります。

たとえば1日20字覚えさせようとしたらほとんど覚えられたのに、40字にしたら極端に覚えられなくなった。このような場合は、やはりキャパオーバーの疑いがあります。

どこまで取り組むかを親が判断してあげる必要があります。あくまでも「何文字覚えられたか」という結果に着目して、もっとも結果が出やすいボリュームを設定するのがポイントです。

なお、単純に書き取りをしているだけでは飽きてしまう可能性もあります。

そこで、**漢字を関連づけて覚えさせるのも1つの方法**です。1年生の場合は、色に関する漢字「赤、白、青、金」などを一緒に覚えるといった具合です。

このとき、黄、黒、緑、銀など2年生以上で習う漢字も一緒に覚えたほうが効率的です。覚えるときに「これは○年生で習う漢字なんだよ」と伝えて、書けるようになったら「すごいね、もう上級生みたいだね」などと褒めると、子どものやる気は高まります。

体に関する漢字でいえば、「目、口、耳、手、足、顔、鼻、舌」などをまとめて覚えさせます。また、「海」という漢字を覚えるときには、「海水」「海外」「日本海」といった熟語を一緒に覚えるのもよいでしょう。漢字を組み合わせることで熟語になり、さまざまな意味に発展することを教えておくのです。

どの学年でも、1学期中にはその学年で習う漢字をすべて覚えさせることができます。子どもはそれくらいの能力を持っています。

「1学期中に全部の漢字を覚えちゃえば、すごくラクだよ。○○君は頭がいいから覚えられるよね」などと、上手におだてながら漢字を覚えさせましょう。ただし、一度覚えて終わりにせず、夏休み以降も復習して定着率を高めるのを忘れないようにしてください。

1学期中にすべて覚えてしまえば、2学期以降の勉強が非常にラクになります。また、自分より上の学年で習う漢字を覚えると「ほかの子が知らない漢字を僕は知っている。僕は頭がいい」という自信にもつながります。

こう言おう！

「体の漢字をまとめて覚えちゃえば、すごくラクだよ」

国語

子どもに「辞書を引く習慣」をつける方法

熟語の読み方や、漢字の書き順を、いったん間違えて覚えてしまうと、大人になっても間違い続けることになります。実際、大人の中には熟語の読み方や、漢字の書き順を間違って覚えている人がいます。

読者の中にも、知らずに間違った知識を定着させている人がいるかもしれません。間違って子どもに教えてしまうリスクは避けるべきです。

子どもと一緒に辞書を引きながら、正しい読み方や書き順を確認することが大切です。「ママ、ちょっと書き順を忘れちゃったから一緒に調べてみよう」などと言って辞書を引いてみましょう。

小学校低学年向けの辞書も出版されているので、使いやすいものを選んでください。

本を読んでいてわからない言葉に出合ったとき、放っておかずに調べる習慣も大切です。

低学年のうちは「この言葉わかる？」と聞いて、うまく説明できないときは、説明してあげましょう。このとき、辞書を使って言葉を調べるのだと教えておき、実際に辞書を引きながら説明するのも効果的です。

いずれにしても、辞書は言葉を調べる道具であり、わからない言葉があったらこまめに辞書を引くという意識を早めに植えつけておいたほうがよいでしょう。

3、4年生にもなれば、自分で辞書を引いて知らない言葉を調べられるようになります。ただし、たいていは漢字がわからないはずであり、わからない漢字を読めないことには辞書の引きようがありません。辞書を引きやすくするには、ふり仮名がふってある本を読ませるのもポイントです。

辞書を引く習慣は、学力向上に大きな効果をもたらします。大人になってからも知的で豊かな生活を送る上で不可欠ですし、社会人になってからも役立ちます。実際に勉強ができる子は、こまめに辞書を確認する習慣が身についています。

辞書を引く習慣を身につけるには、「辞書を引く行為は格好いい」と思わせるのがコツです。「1人で辞書を使いこなすのは、一人前になった証拠だ」と実感できれば、積極的に辞書を使いこなすようになるはずです。

そこで、子どもが少しでも辞書を使っているのを見たら「辞書を使えるなんて、格好いい。大人だね！」などと褒めてあげましょう。

「辞書を使えるなんて、格好いい。大人だね！」

国語

無理して小説を読む必要はない

国語力を身につけるには、いろいろな本を読ませるのがよい――。

これは事実です。小学1年生のころは、幼児期から引き続いて親が読み聞かせをするのもよいでしょう。最初は読み聞かせをして、徐々に「今度は自分で読んでごらん」と、1人で読めるように導いていきます。

読書というと、小説や物語を読むものだと決めつけている親が多いようです。国語の教科書に小説や物語が出てくるのは、心情読解の力を養わせるためです。しかし、あまりにも心情読解に重きを置きすぎると、かえって読書嫌いの子をつくりかねません。

私自身、心情読解が苦手で、高校時代に至るまで国語を苦手科目としていました。その代わり、文章を論理的に読むのは問題なくできていました。

論理的な文章が読めて、論理的な文章が書ければ、社会に出てからも報告書やレポート、メールなどを作成するときに役立ちます。

子どもにも好き嫌いがありますから、あえて小説や物語に特化せず、興味のある本から読ませていくのがよいでしょう。

図鑑が好きな子は図鑑でもよいですし、昆虫が好きな子は昆虫の本でも大丈夫。大切なのは、自分の力で文字を通して情報を得て知識を深めていくことです。

私の場合は、理系的な興味が強かったので、図鑑をよく読んでいました。新聞も好きで念入りに読んでいたのを記憶しています。

親の立場からすると、「電車の本を読み込むよりも、生物の本をたくさん読んでほしい」などと思いがちです。しかし、子どもが自分で興味を持っている分野なら、どんな本でもよいのです。

スポーツが大好きな男の子には、スポーツ新聞やスポーツ雑誌を読ませるのもよいと思います。大人が読み書きする文章を読んでいるうちに、自然と難しい言葉も身につけていくからです。「監督って漢字で書ける？」「**牽制って漢字で書ける？**」などと聞いていけば、野球に関係する言葉から文字を覚えることにつながります。

要するに、何も小説や物語にこだわらなくても、好きな分野を通じて国語の力を伸ばしていくのは十分可能です。親があれこれ指図して本嫌いにさせてしまうくらいなら、子どもが読みたい本を読ませるのがベストです。

こう言おう！

「○○は野球が好きだけどさ、監督って、漢字で書ける？」

国語

論理的に読む力をつけるには？

日本の小学校の国語教育では、論理的に読解するトレーニングがまったくといっていいほど行われていません。読書感想文では、本の内容から教訓を読み解き、先生が喜ぶような感想としてまとめると評価が高くなります。一方で、内容を要約しただけの文章はほとんど評価されません。

私自身、作文の時間にあらすじを書いて提出したところ「これは単なるあらすじであって、読書感想文ではない」と先生に注意された記憶があります。しかし、社会人になってから求められるのは、論理的な作文能力です。レポートや論文では、資料を読み込み、その中から要点を抜き出し、あらすじとして報告するように求められます。

ビジネスでのレポートや論文は、論理的に導き出される結論を書くものであって、自分の感想を書き込んだら、かえって評価を下げてしまいます。社会人として通用するスキルを養うのであれば、論理的な読解力をつけるに越したことはないのです。

おそらく今の子どもに「あらすじを書け」と言っても、上手に書ける子は少ないはずです。要約として話せたとしても、文章であらすじにまとめるとなると、しどろもどろになってしまうものです。

そこで、**3年生くらいからは、本を要約する練習をしていきましょう。最初は、本を読み終わったあとに「どんなことが書いてあった？」と聞いて、内容を要約してもらいます。これを繰り返しているだけでも、基本的な読解力が身についてきます。**

訓練する過程で、親に話して聞かせることを前提に読書をするようになるので、話をまとめるスキルも高まります。

次のステップとして、ノートなどにあらすじを書く習慣をつけさせます。**「200字でまとめる」「400字でまとめる」などの制約を設けてトレーニング**するとよいでしょう。

読書感想文の宿題に取り組むときにも、無理に感想を書かせる必要はありません。まずは、あらすじを書くことを優先し、感想を書いていなくてもよしとしましょう。

そして小学校高学年になったら、中学受験をするしないにかかわらず、中学受験用の参考書や問題集に取り組むべきです。

中学受験用の問題は、文章を理解してはじめて解くことができます。長文読解の問題などを解いていくうちに、文章を読み解く勘所が身につくようになります。

こう言おう！

「教えて。どんなことが書いてあった？」

国語

文章に「理由を3つ」入れる

前述したように、社会で求められるのは論理的に文章をまとめるスキルです。海外の国語教育では、日本と比較してレポートを書く訓練に重きを置いています。しっかりしたレポートが書ければ、知的能力を高く評価されるからです。

レポートの基本は**①問題提起をして、②理由をもとに自分の考えを述べ、③結論に導く、**というフォーマットにしたがいます。

このとき、「理由を3つ」挙げる訓練をするのが重要なポイントです。テレビなどを見ていると、何かと物事を単純に断定する風潮がありますが、3つの理由があると主張にも説得力が生まれます。心情や感情を表す必要はありませんし、それらは論理的なレポートのじゃまになります。

3つの理由を書くトレーニングをするだけで、物事を多面的に捉える力がつき、脳を活性化させる効果もあります。

フォーマットどおりにレポートを書けるようになると、プレゼンをしたり、小論文を書いたりするのにも抵抗がなくなります。

たとえば、戦争についてレポートを書くとしましょう。

子どもには「戦争のことどう思う？」と聞いてみます。「戦争はいけないと思う」と答えたら、まず「戦争はいけないと思う」と結論を書かせます。

次に、「どうしていけないと思うのか、理由を書いてみよう」と言って、理由を３つ書かせます。「人殺しはいけないから」「家族がバラバラになるから」など、どんな理由でもかまいません。

１つめの理由はすぐに出てくるかもしれませんが、２つめ、３つめとなると時間がかかるかもしれません。しかし、ここで３つの理由を考える訓練が大切です。３つの理由が出てきたら否定せずに「よくできたね」と褒めます。

３つの理由を踏まえて「じゃあ、何が言いたいの？」と聞き、「やっぱり戦争はダメだと思う」と言ったら、それを結論として書かせます。

これだけでも、論理的なレポートとして成立しています。こうした作文を提出して、学校で高評価が得られるとは限りません。けれども、このフォーマットを身につけておけば、のちの大学受験や社会人生活に必ず役立ちます。

こう言おう！

「なぜそう思ったか、３つ、理由を書いてみよう」

国語

日記にも「3つの理由」を入れて文章力を伸ばす

国語の力を伸ばすには、単純に書く機会を増やすのも効果的。その意味では日記を書く習慣をつけるのもよいでしょう。

日記の内容は、どんなものでもかまいません。ただ、前述した「結論・3つの理由・結論」のフォーマットを応用できるようにします。

①まず、「**今日は何があった？　書いてみよう**」と言って、出来事を書かせます。

②次に、「**そのとき、どう思った？**」と聞き、結論に相当する内容を書かせます。

③さらに、「**どうしてそう思ったのか、理由を3つ書いてみよう**」と言って、理由で結論を説得づけさせます。この訓練を重ねていけば、文章力の基本が身につくはずです。

もちろん中学受験や、その後の大学受験にも確実に役立ちますから、やっておいて損はありません。

どうしても日記を書くのに抵抗があるようなら、箇条書き形式でもよいので、覚え書きに近い文章を書くだけでもよしとしましょう。

面白い体験をしたり出来事に遭遇したりしたときは、それを記録・描写する。その日に覚えた熟語があれば、それを書いておくのでもよいですし、ニュースに登場した人物の名前が印象に残ったのなら、その名前を記録しておくようにします。

言葉を知ることと、それを実際に使えることはまったく異なります。

子どもは新しい言葉を覚えるとすぐに使ってみたくなります。「忖度《そんたく》」という難しい言葉を耳にしたら、一緒に意味を確認して書いておくのもよいと思います。

「『付』も『度』も、どっちも『計《はか》る』という意味なんだね」などと、ただ教えるのではなく、実際にノートに書かせるようにします。せっかく新しい言葉を覚えても、翌日になると「使ってみたい」という気持ちも薄れてしまいます。そこで、印象が鮮明なうちに、どんどん書いておくのです。

中学受験をする場合は、なかなか覚えられないこと、苦手なことをノートに書くようにしましょう。間違えてしまいがちな熟語や漢字を書くようにすると、自然と覚えられるようになります。

大学受験生が、単語カードに英単語を書いて覚えるのとまったく同じ方法です。この習慣は大学受験にもそのまま使えます。

こう言おう！

「今日は何があった？　書いてみよう」

算数

算数は「計算」から始める

算数の勉強は、計算練習から取り組みましょう。計算力をつけるトレーニングは、早く取り組むに越したことはありません。計算は、地道に何度も練習するのが唯一の方法です。取り組むのは1日10分程度でかまいません。

小学校1～2年生の場合は、ひと桁の足し算、引き算を絶対に間違えないようになるまで、徹底的に問題を解かせる必要があります。

小学校低学年で計算力を身につけておけば、大学受験に向けた基礎的な力が身につきます。そしてもう1つもたらされるメリットが「自信」です。小学校低学年レベルで算数の計算を速く正しく解ければ、それだけで「自分は頭がいい、優秀だ」という自信がつきます。これが男の子にとって、算数の勉強を続ける最大のモチベーションとなります。

実際に計算問題に取り組むときは、親が近くで時間を計って行います。できるだけタイムの短縮を目指すのです。

「スピードを追い求めるばかりでは、計算が雑になる。時間がかかっても確実に解いたほうがよいのでは？」という声がありますが、これは子どもの潜在能力を軽視した考えです。

タイムを計ることでゲーム感覚になり、「もっとタイムを縮めよう」という意欲が生まれます。ゲーム感覚で練習を続けることで、スピードとともに正確性も向上する効果があるのです。

タイムが速くなったら「すごい、10秒も速くなったよ」「やった、最高記録だね」などと褒めるのも忘れないようにしてください。

子どもはタイムを更新していくことに喜びを感じます。「自分は伸びている」という実感を持つことで、さらに前向きに計算にチャレンジします。

算数は、計算のスピードが上がった分、問題を速く解けるようになるので、テストの得点力が確実にアップします。 1つのやり方で解けなかったときにも、別のやり方を試してみようとする余裕も生まれます。結果的に、思考力を育む効果も期待できるのです。

スピードは、後の大学受験においても大きな武器となります。英語の長文問題などは、速読力が問われます。短時間で正確に読み書きできないと、得点につながりません。

情報処理のスピードが速い人は、仕事の生産性を上げられます。社会人として生き抜くためにもスピードは欠かせない要素なのです。

こう言おう！

「すごい、10秒も速くなったよ」

算数

計算練習は「百ます計算」が有効

短時間の計算練習の方法として有効なのは「百ます計算」です。

百ます計算は、タテ10×ヨコ10の百ますの正方形をつくり、タテ、ヨコにランダムに0〜9までの数字を書き込み、タテヨコの数字を順番に足していくものです。

足し算では0＋0から9＋9まで百通りの計算ができます。数字の配列を変えれば、いろいろな種類の計算シートをつくることができます。足し算だけでなく、引き算やかけ算もできるので、難易度を上げれば高学年になってからも使えます。ゲーム感覚を取り入れると、子どもは興味を持ってチャレンジします。

百ます計算に取り組むときは、必ず親がタイムを計測しましょう。前述したように、タイムを計ることでゲーム感覚になり、子どもはタイムを縮めようと一生懸命に取り組みます。

意欲のある子の場合、百題解くのに3分以上かかっていたのが、3か月ほどで1分半くらいにまでスピードアップします。どんどん記録を更新するのを見ると、親もびっくりするほどです。

一定のレベルに達したら、「ママと競争をしようか？」などと、一緒にチャレンジしてみるのもよいですね。 本気で子どもと勝負をするのがポイントです。本気で勝負してもおそらく1～2か月練習を積んだ子のほうが、速くできるはずです。「すごいね、ママの負けだよ」と褒めれば、子どもは喜びます。

本気の親にも勝つことで、子どもはさらに「伸びるのは楽しいことだ」と実感し、飽きずに計算を続けられます。決められたタイムをクリアしたらご褒美を与えるのもよいでしょう。さらに計算に意欲的になり、そのうち「やりなさい」と言われなくても自分から取り組むようになるはずです。

百ます計算に取り組む場合は、2週間くらいは配列を変えずに、同じ並びのものを毎日行います。答えを見てしまうこともあるでしょうが、問題はありません。

目安としては2週間で、タイム半減が目標となります。1年生は、あまりタイムを気にする必要はありません。2年生は足し算、引き算、かけ算ともに3分以内を目標に、3年生は2分以内を目標にしましょう。あくまで計算グセをつけるのが目的なので、特に1年生には10分以上やらせないのもポイントです。

こう言おう！

「ママの負けだよ～」

算数

九九は早めに身につけておく

日本には九九があることで、子どもが早い段階でかけ算を身につけることができます。欧米では、大人になってもかけ算が苦手な人が多いのと比較すると、九九というのは偉大な暗記術であると評価できます。

記憶力がいい小学校低学年の時期に、九九をしっかり身につけておけば、その後の学習が飛躍的に伸びるようになります。子どもが九九を覚える過程で算数嫌いになるケースはまれです。むしろ、単純な暗記作業を楽しむ子も多いはずです。

過度な負荷は子どもの成長の妨げになりますが、**適度に負荷をかけることで、子どもの能力を伸ばすことにつながります。**逆に、ここで負荷をかけるのを避け続けると、子どもの知性は虚弱なままで、競争に勝とうとする意欲も育ちません。子どもには、九九を覚えて使う喜びを覚え込ませていきましょう。

基本的に、九九は繰り返し練習すれば、誰でも必ずできるようになります。ただし、九九を覚えるのと並行して、かけ算の意味も教えておくとよいでしょう。

たとえば「3×4」と「4×3」の答えは同じ12ですが、その意味するところは異なります。かけられる数とかける数は、「1つ当たりの量」と「いくつ分」という意味を持っています。

6台の自動車のタイヤの数は、4×6で導き出します。逆に、6×4では、6つタイヤを持つ自動車が4台分になってしまうことを教えます。

簡単な文章題を子どもにつくってもらい、それを親子一緒に解くのもおすすめです。文章がおかしいときには、「こんな答えになっちゃうよ」と指摘しながら、式の立て方と答えの関係を教えていきます。この過程で「1つ当たりの量」が「いくつ分」という式の立て方の決まりを覚えていくのです。文章題をつくってみると、文章の意味も取りやすくなるので、国語と算数のつながりを理解できる効果もあります。

九九を暗記するだけでは、数学的に考える力が育たず、創造性がなくなるという批判もありますが、それが証明されているわけではありません。諸外国でも、暗記をもとに数学の学力を伸ばす教育方針をとっています。かけ算を暗記することと、かけ算の意味を理解することはあくまでも別。両者を切り分けて、後から子どもにきちんとかけ算の意味を理解させればよいのです。

こう言おう！

「九九、頑張ってどんどん覚えてみよう」

算数

「図形が苦手な子」は、いるけれど

中学受験を突破するには、算数の図形問題を解けるかどうかが大きなカギとなります。そのため、中学受験にチャレンジする場合、図形問題は親子にとって、もっともプレッシャーとなる分野です。

結論から言えば、図形問題についてはセンスのいい子と悪い子に分かれます。ある程度は親や塾のサポートで答えを導き出せるようになるでしょうが、やはりセンスのない子に限界があるのも事実です。

図解問題が得意な子は、どんどん取り組ませてよいですが、不得意な子にプレッシャーを与えるのは得策ではありません。

「図形の問題ができる子＝頭のいい子」という思い込みに縛られないようにしてください。無理矢理、図形問題を解かせようとしても、苦手な子は苦しい思いをするだけ。「図形問題を解けない僕は頭が悪い」と自信を失ってしまう事態は何としても避けるべきです。

少なくとも**大学受験は、別に図形問題ができなくても合格できます。**早めに目標を切り替えて、大学受験に必要な勉強をしていきましょう。大切なのは、とにかく「できる経験」

を積み重ねることです。計算問題は練習量を増やせばある程度点数が伸びていきます。

図形が苦手な子には「計算をたくさんやると、頭がよくなるよ」と言って、たくさん計算の練習をさせましょう。実際に計算の点数が伸びていくと、子どもは自分の頭がよくなったと思えます。ただ練習を重ねたら伸びたというだけなのですが、お調子者の男の子は「僕はやっぱり勉強ができる」と自信を持ちます。この錯覚を最大限に利用してください。

なお、百ます計算に取り組んでも、なかなかスピードが上がらない子もいます。そういう子には無理に百ます計算にこだわる必要はありません。5〜5の25ますでも、1〜10の10ますでもよいのです。とにかく子どものレベルに合わせて、簡単なところから取り組みます。10ますでタイムを短縮できたら、25ますに移行し、そこでレベルアップできたら百ますにチャレンジしていきます。

何度も繰り返しますが、自信をつけさせること、少しでも伸びたら褒めることが肝心です。集中力に乏しい男の子の場合は、5問解いたら小休止するなどの方法を試してみましょう。親が「なんでこの程度の計算ができないの？」と焦ってしまっては、絶対によい結果につながりません。焦らずにステップアップを目指してください。

こう言おう！

「計算をたくさんやると、頭がよくなるよ」

算数

そろばんに取り組むのも1つの方法

計算力を鍛える方法としてそろばんがあります。私自身が珠算塾に通った経験からも、そろばんはおすすめできます。

私は小学校3年生で珠算塾に通い始め、4年生までに3級を取得しました。珠算塾では5桁以上の足し算や3桁のかけ算を当たり前にこなし、そろばんなしで暗算できてしまう子もいます。

そろばんをしていると頭の中にそろばんの玉が浮かび、答えが頭の中に浮かぶような不思議な経験をします。おかげで、そろばんを始めてから、他の子よりも計算ができるという優越感をもち、楽しくなってきました。そろばんを通じて鍛えた計算力は、中学受験や大学受験でも役立ちました。東大受験で数学の難問に当たっても、1つのやり方がダメだったときに、「時間もあるし、じゃあ別のやり方を試してみよう」とすぐに切り替えられたのも、計算を苦にしていなかったからです。

結果的に、数学は6問中5問に完答し、残りの1問も半答して、無事に合格できました。

基礎的な計算力をバカにする人もいますが、理解力を支えるのは結局は計算力です。

私は、そろばんで計算の基礎力をつけたから東大に受かったといっても過言ではありません。図形が苦手で計算優位型の子には、珠算塾に通わせて計算の力を伸ばしていくのも効果的です。

ところで私の弟は、私にならって通いだした珠算塾でも挫折するくらいに計算が不得意でしたが、そろばんではなく公文式で計算力を伸ばしました。

公文式では飛び級があり、3年生でも4年生の問題や5年生の問題にチャレンジできます。弟は、私や父親から「勉強ができない」と言われ続けていましたが、公文式に必死に取り組んだ結果、4年生のうちに5年生の級に飛び級できました。

そのときに「これは5年生がやる問題なんだよ」と言われたのが大変な喜びだったらしく、自信を深めたといいます。

そして、**このときの「やればできた」という体験のおかげで、ほかの科目も徐々にできるようになったのです。弟は中学受験にこそ失敗しましたが、最終的には東大に現役合格できました。**そろばんや公文式など、方法はいろいろあります。1つの方法であきらめず、子どもに合った方法で計算力を伸ばしてください。

こう言おう！

「そろばんは答えが自然に浮かんでくるから楽しいよ」

算数

文章題につまずいたときは

高学年になると算数の文章題につまずく子が出てきます。文章題は思考力が試されるとされていますが、考えることだけが唯一の対策ではありません。

文章題が苦手な子には、やり方を丸暗記させて、とにかくたくさん問題を解かせるのも1つの方法です。暗記した解法にしたがって、何度も問題を解いているうちに、だんだんと理解力が伴ってきて、なぜ答えが出るのかがわかるようになります。

このほうが「今まで解けなかった問題が簡単に解けた」という経験が自信となるため、早くレベルアップしやすいのです。

私が大学受験のときに活用した「暗記数学」は、まさにこの手法です。暗記数学は、解法をたくさん暗記した上で、さまざまな数学の問題を解いていく勉強法です。

そもそものきっかけは、クラスメイトの1人が、優等生の数学のノートを編集してコピーしたものを「参考書」として販売したことでした。

私はそのコピーを利用し、解法を丸暗記する方法があるのを知りました。すると初めて、定期テストで満点がとれたのです。そこで、「チャート式」などの数学の参考書の解法と答えを丸暗記したところ、みるみる数学の問題が解けるようになったのです。

後年、このテクニックを私から伝授された弟は、見事東大文Ⅰに合格しました。自分以外にも暗記数学が通用したことで、私は自分のやり方が普遍的であるのを確信したのです。

暗記数学の経験からも、解法を覚えるやり方でも、考える力は身につくと思います。

なかなか文章題の問題に答えを出せない子には、早めに答えを教えてあげるのも有効です。「答えを教えたら自分で考えたことにならない」とかたくなに考える親も多いのですが、結果的に子どもが算数嫌いになったら元も子もありません。

「ちょっと一緒に答えを見てみようか」と言って、答えを確認し、「こうやって解けばよかったんだね。じゃあ、次の問題をやってみよう」と促していきましょう。

次の問題が解けたら、「すごいね。よくできた」と褒めてください。これでやり方をマスターできます。

もちろん、ただ答えを見て丸写ししたのでは無意味です。必ず親と一緒に答えを見て、解法をチェックしましょう。一度で解けなくても、2回目以降の類題は解けるようにする。これは効率的に時間を使うスキルを養います。

こう言おう！

「ちょっと一緒に答えを見てみようか」

社会

「歴史マンガ」はやはり効く！

社会の勉強について、歴史の年号などを記憶するのが得意な子は、テキストをどんどん暗記していってもよいでしょうが、それでは退屈する子もいます。

そういう子が歴史を勉強するにあたっては、歴史マンガを読ませるのも有効な方法です。『日本の歴史』『世界の歴史』など、歴史マンガのシリーズは、各社からたくさん出版されていますから、子どもが読みやすそうなものを選んでみましょう。ほとんどの男の子はマンガに興味を持つので、物語から歴史にがぜん興味を持つ男の子は少なくないはずです。

歴史マンガは非常によくつくられているので、教科書よりも時代の流れを理解しやすいことがあります。理解できれば、「歴史って面白い！」とどんどんのめり込む可能性も高まります。

歴史マンガを読み返しているうちに、年号や出来事などを丸暗記してしまう男の子も少なくないはずです。

マンガを読んだあとに、「鎌倉時代ってどんなことがあったの？」「徳川家康ってどんなことをしたの？」などと説明させるようにすれば、親に話すために熱心に読もうとします。**男の子は歴史を勉強すると、なんとなく自分が大人になったという気分を持てる**ようにもなります。

マンガ以外には、テレビの歴史ドキュメント番組を見せるのもおすすめです。番組を一緒に見ているうちに、歴史だけでなく地理の知識も深まります。

また、史跡や寺院、歴史博物館などに行く機会をつくると、子どもが歴史に興味を持つきっかけとなります。

ときどきクイズ形式で歴史の知識について質問するのもよいでしょう。

「日本の初代総理大臣って誰？」と聞けば、低学年でも早熟な子は答えることができます。答えられたら「正解だ。すごいね。中学生でも知らない子がたくさんいるよ」などと褒めて、2問目、3問目とクイズを出していきます。

答えられなくても、全然問題はありません。親が教えてあげればいいだけです。「どんな人なのか一緒に調べてみよう」などと、資料を読み聞かせてあげれば、もっと覚えたいと思うようになるはずです。

こう言おう！

「鎌倉時代って、どんなことがあったの？」

社会

家族旅行で地理を覚える

地理に興味を持てない子には、夏休みなどを利用して、実際にいろいろな土地に連れていくのもよいでしょう。

電車に乗って、駅に停車するたびに「ここは○○駅だよ。○○で有名な土地だよね」などと教えれば、地理と歴史の勉強になります。

特に男の子は電車や新幹線が大好きです。列車旅行をすると、飛行機で移動するよりたくさんの地名や駅名を覚えられるというメリットがあります。

車窓から景色を見ながら、ガイドブックをもとに解説するのもおすすめです。

「このあたりはずっと田んぼが広がっているよね。有名なお米の産地なんだ」

「あれが○○川だよ」

このように1つひとつ説明すると、子どもも楽しみながら知識を身につけられます。風景と紐づけて記憶が定着しやすくなります。

名産品に触れたり、土地の食べ物を味わったりすることで、頭の中だけでなく肌感覚で地理の知識が身につくものです。

旅行から帰って、旅行した土地にまつわるテキストを読んで復習するのもいいですし、天気予報などを見たときに「ほら、この前に行ったのはここだよ。雪が多い地方だよね」などと説明すれば、その土地のイメージが定着していきます。

そこから「隣は○○県だよね」「次に長いのは○○川だよ」などと範囲を広げていけば、無理なく知識を増やしていけます。

また、これとは逆に、事前に予習をしてから現地に連れていく方法もあります。地名を覚えさせてから「ここがあの○○山なんだよ」などと教えるのです。

私の娘も中学受験のときに、塾で地名を暗記させられて苦労していましたが、盛岡を旅行したときに「あれが北上川なんだよ」と伝えたら、「ここだったのか！」と非常に納得していました。

そういう経験を繰り返していくうちに、自然と地理を勉強できるのです。

子どもは知識を暗記するのは得意なので、体験をきっかけにすればみるみるうちにいろいろなことを覚えてしまいます。覚えた知識についてゲーム感覚でテストなどをしてあげると、さらに覚えやすくなります。

こう言おう！

「ここは○○駅だよ。○○で有名な土地だよね」

社会

最低限、都道府県は覚えておく

地理に関しては、小学生の早いうちに少なくとも都道府県の名前と場所は覚えておきたいものです。日本地図や世界地図などを部屋の壁に貼って普段から目にするようにしておくと、効果があります。

トイレに地図を貼るなどは、かつては多くの家庭で行っていた古典的な手法ですが、非常に有効といえます。

ただ貼って終わりにするのではなく、「今日はどの県を覚えた?」「どの国を覚えたの?」などと意識的に確認していくと、トイレの中で地図を見ようとする意識も働きます。

地理の知識は大人になってから確実に役立ちます。地名や特産物などを知っておけば、大人になったとき初対面の人との会話にも困らずにすみます。

「ご出身はどちらですか?」という会話から話が盛り上がって、すぐに打ち解けることができるようになります。とくに営業職の人は、相手の出身地をよく知っていることが商談の決め手になるケースが多々あります。逆に「○○県出身です」と言われたときに、「○○県って、どこでしたっけ?」などと返していたら、知性が疑われます。ビジネスにおい

ては大きなハンデとなってしまいます。子どもに対しては

「大人になると、いろいろな地域から集まった人たちと仕事をすることになるんだよ。そのとき、いろいろな県のことを知っていれば、すぐに仲良くなれる。○○君も、遠くに住んでいるお友達が○○市（今住んでいる街）のことを知っていたら嬉しくなるでしょ。だから、いろいろな県について知ることが大切なんだ」

などと教えてもよいでしょう。

これは外国についてもまったく同じです。これからは、日本で働く場合でもさまざまな国籍の人と関わる機会が増えるのが確実です。いろいろな国について知っているほうが、多くの人と仲良くなれます。

また外国について知れば、世界情勢のニュースにも興味を持つようになります。少なくとも中国、韓国、北朝鮮など近隣諸国について知っておく必要があります。北朝鮮がミサイルを発射したというニュースを見たときには、地図を開いてみながら位置関係を確認するなど、ニュースと地理関係を結びつける習慣を持つとよいでしょう。

こう言おう！

「今日は、どの県を覚えた？」

社会

新聞で、社会に関心を持たせる

社会に興味をもたせるには、親が「小学生新聞」などを読ませる方法もあります。

私自身は、小学生のころから一般紙を読むのが好きな子どもでした。当時の私は「幼稚っぽい」という言葉を使って、まわりの子をどことなく見下すようなところがありました。

たとえば、小学校5年生のころ「帰ってきたウルトラマン」シリーズがテレビ放映され、クラスの子たちの人気を集めていました。が、私には「幼稚園のころに見ていたウルトラマンを今さら見るなんて、プライドが許さない」との思いがあり、怪獣マンガやアニメと一切触れずに過ごしていました。とにかく、ちょっと生意気な子どもだったのです。

当時の私にとって、新聞を読む行為は大人であるのと同じような意味を持っていました。1971年にはニクソンショックが起き、経済面は円相場の動向を予測する記事が連日のように掲載されていました。

そんな中、1971年12月に通貨の多国間調整が行われ、1ドルが360円から308円に切り上げられるわけですが、当時、新聞紙上で大方のエコノミストは1ドル330円程度になるのではと予想していました。

この予想に、当初から私は懐疑的でした。その程度なら、アメリカが日本の円を切り上げたと納得するわけがないし、貿易不均衡も解消されない。とはいえ、20％も切り上げられたら日本の経済は立ちゆかなくなる。だから17％くらいではないかと考えたのです。

親を含め周囲の大人たちは「なかなか突飛な意見を言う子だね」という感じで見ていましたが、結果は、16・88％と、ほぼ私の予想したとおりとなりました。今考えてもあのころの自分は冴えていたと思います。

いずれにしても、子どもが自分を「大人っぽい」と感じる経験は重要です。「まわりは幼稚だけど自分は大人」と思えば、ゲームやアイドルに関心のすべてを奪われずにすむのですから。

社会の学力を伸ばす上では、新聞を購読して読むのもよいですし、池上彰さんによるニュースの解説本などを読ませるのもよいでしょう。

社会は教科として教えるよりも、ニュースなど現実の情報に触れさせるほうが、はるかに勉強になります。現実社会について知ると、世の中への問題意識もわいてくるでしょう。

こう言おう！

「新聞を読めるって、格好いいね」

理科

理科アレルギー——まずは面白がるのが基本

理科が好きではない子どもを、すぐに理科好きにするのは困難です。けれども興味を持たせることならできるはずです。まずは、理科の事象に興味をもたせるところから取り組んでみましょう。

私たちが子どものころは、生活の中で理科に接する機会がたくさんありました。ラジオを自作したり、アマチュア無線をたしなんだりする子どもも一定数いました。高校生にもなると、マイコン（のちのパソコン）を自分で組み立ててつくっている子もいました。

男の子には、このように本物を見せ、接する機会を通じて興味を持たせる方法があります。車好きの子には、エンジンの構造についてお父さんが説明してあげれば、機械への興味が高まります。**車をきっかけに、電車や飛行機、ロボットなどの動力の仕組みに興味が広がっていく可能性もあります。**

博物館や科学館には生物や科学、物理の分野にまたがってさまざまな展示物が並んでいます。これらに触れる体験をきっかけに興味を伸ばすのもよいでしょう。

また、かつては学研の『科学』という雑誌の付録でおもちゃをつくるのを楽しみにする子がたくさんいました。『科学』は残念ながら休刊となってしまいましたが、子ども向けの科学雑誌は今でも発行されています。**面白そうな雑誌を購読して、付録の工作を父親が手伝うなど、手作業を通じて理科の興味を引き出すのもおすすめです。**電気のスイッチをつなぐ、草花を育てるといった単純な作業でも、普段から理科的な事象に触れておいて損はありません。

とくにお母さんには算数アレルギーや、理科アレルギーの方もいるでしょうから、「理科なんてどうすればいいかわからない」と尻込みしがち。そこで、まずは親が理科アレルギーを克服して、身のまわりにある理科に関心を持つ必要があります。

たとえば、科学を取り扱ったテレビ番組を子どもと一緒に見るのでもよいと思います。番組表をチェックすれば、意外に科学を扱った番組が放映されているのに気づくはずです。そういった番組に案内役をお願いするのも1つの方法です。

こう言おう！

「一緒に付録をつくってみよう」

理科

リビングに図鑑を置いておく

小学校の低学年から中学年にかけて、理科は暗記の要素が強い教科といえます。植物や動物の名前を覚えるような内容が多く、基本的に子どもは記憶力がよいので、どんどん知識を吸収していきます。

つまり多くの子は、最初から理科が苦手ではありません。後々、授業で電気の直列や並列つなぎの実験などに直面すると、センスのあるなしで得意不得意が分かれていきます。

このとき「よくわからない」という体験をした子が、のちに物理などを学ぶときに拒否反応を示すというわけです。

中学受験では星座早見表や秤《はかり》の問題など抽象的なセンスが問われますから、単なる知識の暗記では対応しきれなくなります。けれども、大学を生物などで受験する人は、記憶力でなんとか対応できるので、そこまで苦手意識をもたずにすみます。

小学生のころから抽象的な問題が得意な子はどんどん問題を解かせて「できた」という経験を積み重ねるのが一番。しかし、中学受験にこだわらないのであれば、小学生の間は、ひたすら暗記に励むのがベストです。

暗記派の男の子には、「すごい物知りだね」などと、とにかく褒めるようにしましょう。褒めて「僕は理科ができる。好きだ」と思わせることが重要です。

そのために有効なのが、「図鑑好きにする」ことです。

私たちが子どものころは、各家庭に当たり前のように大人向けの百科事典や図鑑がリビングに置いてありました。子どもたちは、こうした図鑑などを読む経験を通じて、自分も一人前になったような気がしていたものです。

私自身、前述したように図鑑が好きで、暇さえあれば図鑑のページを繰っていました。それが読書の原体験だったと思います。

『シートン動物記』や『ファーブル昆虫記』など、読み物が好きな子にはそれを読ませていってていいですが、中には物語が苦手な子もいます。そうした場合は、積極的に図鑑を読ませていけばよいのです。

図鑑で知識をたくさん得れば、理科を拒否するようなことにはならないはずです。いずれにせよ、テストでは、子どもの特性を踏まえて「いい点をとらせるにはどうすればよいのか」を考える。これが理科嫌いにさせない最低限の策です。

こう言おう！

「〇〇君、すごい物知りだね」

理科

親子で実験で、遊んでみる

前述したように、子どもの理科嫌いを生む分かれ目となるのが、小学校高学年になって「実験」や「抽象的な思考」に直面したときです。

それまでは、ただ知識を覚えていればよかったのに、理屈を問われるようになると、とたんに混乱してしまう子がいます。

こうした子に理屈で教え込むことができれば、とことん理屈で教えていくのもよいと思います。しかし、**理屈で理解できなかったときには、目の前で実際に観察したり、実験したりするのが有効です。**

かつては、子どもたちが夜空を見て星座を観察するような機会がよくありました。こうした観察による学びには価値があります。実際に観察しておくことで、テストなどでも「これは間違っているかも」などと肌感覚で判断できるようになるからです。

また、前述したように、私たちが子どものころは、自分でラジオをつくるのが当たり前でした。こうした経験を通じて、電波の飛び方の仕組みや、電気の抵抗の仕組みを自然に覚えていたのです。

　現代では、機械が進歩しすぎていて、素人が自分で組み立てるという発想がめっきり減っていますが、実験の価値が失われたわけではありません。

　ぜひ、親子でさまざまな実験に取り組んでください。**テレビの科学番組などを見たあとに、実際にまねして再現してみる方法もあります。**テレビで科学実験を見たときに、「へえー、すごいね」で終わってしまうのと、実際に体験するのとではまったく異なります。目の前で体験することで、子どもは現実の現象として理解できるようになります。

　ただし、実験さえすれば、子どもが理科好きになるというのは無理がありすぎます。

　テレビで行うような実験は、〝成功が保証されている実験〟です。爆発などの危険もありませんし、失敗のおそれもありません。これをなぞっても、手順通りに料理をつくるのと同じです。

　けっして危険な実験をしろというつもりはありません。ただ、本来、言われた通りに再現するのが実験ではなく、失敗するからこその実験です。

　実験をする場合は、子どもが自分で工夫できる余地をつくることが大切です。失敗した経験を生かしてチャレンジするところに、実験的な精神が宿るのです。

こう言おう！

「本当にできるのかな？　実験してみようよ」

英語

「英作文」丸覚えがもたらすもの

耳を慣らすために小学生のうちから英語を習わせようというのは一理あります。ただ、英会話が少しできる、挨拶ができる、自分の名前を英語で言えるという程度なら、まったく無意味です。

英語を学ぶのであれば大学受験、ひいては将来につながるような勉強をすべきです。小学生であれば、アメリカの小学校のテキストを学ばせる方法などは有効です。アメリカの教科書は絵が多く、発達段階を考えて作られているので、単なる挨拶英語にとどまらず、言葉としての英語を深く理解できるようなつくりになっています。

このとき「英作文を丸ごと覚える方法」がおすすめです。

私が留学中に知り合った人のお子さんは、3歳ころ渡米して3ヵ月もたたないうちに、親が教える前に「What are you doing now?」などの英語を話し始めました。「What are you doing now?」は、文法的にいえば現在進行形で、中学校の高学年になってから学ぶような文です。これを、幼い子どもは丸暗記して覚えてしまう力があるわけです。

私たち大人が「What are you doing now?」と発音するときには、What／are／you／

doing／now というスペルとの対応を意識してしまうのですが、丸覚えしている子どもはスペルを意識していません。スペルを意識する以前に、基本的な文を覚えてしまえば、日常会話が通じるという仕組みです。

とくに日本人は発音が苦手といわれていますが、アクセントやイントネーションごと丸覚えしてしまえば、聞き取りやすい英語になるのは確実です。

また、人が話している英語も聞き取りやすくなります。自分が話している英語の発音から、他人の話す言葉も推測して解釈できるからです。

考えてみれば、ネイティブもいちいち文法や単語のスペルから英語を習得しているわけではなく、大人が話している文章をそのまま覚えて使っているだけ。

つまり、**記憶力のいい子どもの場合、ネイティブとおなじように丸覚えで英語を習得するのは理にかなっているといえます。**中学、高校と成長するにしたがって丸覚えがしにくくなるため、小学校の早い段階から取り組んでおいたほうがマスターしやすいと思います。最初に丸覚えで英語に慣れておき、あとから難しい文を読み書きしていく順番が有効です。これもネイティブが英語を学ぶのと同じ順番です。

こう言おう！

「英語をそのまま覚えて、格好よく言ってみよう」

英語

英語も「読み書き」が重要

私は、そもそも最近の英語学習が「聴くこと」「話すこと」に偏っているのは問題だと考えています。実際には「話せない」「聴けない」のではなくて「書けないから話せない」「読めないから聴けない」なのです。

昔の日本人は確かに英会話が苦手だったかもしれません。しかし、英語を読んだり書いたりする能力はありました。ですから、多少発音に難があっても、自分の意思を伝えることができました。

ところが、現在は、会話が重視される一方で、読み書きの力は急速に衰えています。英語で書くことができない文章を、話すことはできません。つまり、挨拶程度の決まり文句はすらすら言えても、肝心の自分の意見は言うことができない。これが、今の日本の英語教育なのです。

私は日本の英語教育で根本的に間違っているのは、文法ばかり教えて読み書きの訓練を怠ってきたところにあると思います。それなのに、文法の代わりに話す・聞くに特化してしまったら、ますます英語が苦手になるのは当然です。

日本人は、話す・聞くにあこがれを持っています。しかし、アメリカでは、英字新聞や雑誌を読みこなし、自分の意見を英作文で伝えられる人間は、どんなに話がつたなくても一目置かれます。

その証拠に、アメリカには移民がたくさんいますが、それなりに会話では意思疎通ができても、読み書きができないせいで、低賃金の労働に甘んじているケースが無数にあります。一方で、読み書きができれば、高収入の職業につくことは可能です。

私の娘が通っていた中学校には帰国子女が多く、外国映画（英語圏）を字幕なしで観ていましたし、外国人とも流ちょうに英語を話していました。けれども、よく見ると帰国子女には「英語を勉強しない子」「英語を伸ばすために勉強する子」に分かれていました。

前者は、自分は英語ができるのであえて学習しようとは思っていません。それに対して、後者は、読み書きができないと現地では認められないと知っているので、一生懸命英語を勉強していたのです。結果的に両者には英語の成績にも差がついていました。今後は自動翻訳の技術も加速化するでしょうから、過度に「英語」と焦るよりも、日本語の読解力を身につけるほうが得策です。

こう言おう！

「英語で自分の〝意見〟が言えると、尊敬されるよ」

第5章

「社会で生きていく力」のある男の子

子どもにとって「勉強できること」「中学や大学に合格すること」はゴールではありません。

学校を卒業した子どもは、社会の中に居場所を見つけていきます。

社会で生きていくということは、他者と共存していくことでもあります。

このとき、まわりの人たちに流されてしまうのでもなく、といって完全に孤立するのでもなく、堂々と自己実現してほしいというのが親の願いであるはずです。

社会で生きていくための基礎は、子ども時代に養われます。

親としてどう働きかけていくべきか。

この章で一緒に考えていきましょう。

社会について、きちんと伝える

私が子どものころまで、日本では長らく勉強する行為が無条件に善とされてきました。私より年長の世代には、経済的な事情から進学を断念せざるを得なかった人たちも多く、運よく大学に進学できた人たちの中には、ある種の後ろめたさを抱えている人もいました。とにかく勉強に打ち込める状況は、ただただありがたく、価値があったのです。

日本の「勉強離れ社会」が生まれるきっかけができたのは、受験戦争が過熱化した昭和40年代だったと思います。当時の私自身は、毎日受験勉強に励み、灘中学への進学を目指していました。受験戦争の核心を生きていたといってもいいでしょう。

ふと気がつくとメディアからは、受験に対するさまざまな批判がわき起こっていました。**新聞には連日のように「受験勉強をしている子は性格が悪くなる」「もっと人間らしい教育が必要だ」といった内容の記事が掲載されていました。**受験に打ち込む子が悪者のように描かれるテレビドラマが大量に制作されたのもこのころです。

社会を挙げて批判されたことで、小学生だった私はさすがにうろたえました。ところが実際に灘中学に入学して、びっくりしました。あれだけ受験を批判していた新聞記者を親に持つ子が、クラスに3〜4人の割合で入学しているではありませんか。

「なんだよ。言っていることとやっていることが違うじゃないか」

「受験批判をしたなら、せめて自分の子どもは受験させるなよ」

私は憤りを感じました。

マスコミは本当のことを伝えるばかりではなく、しばしばウソをつくメディアであると確信したのは、そんな経験があったからです。私は受験批判そのものよりも、自らの受験批判に筋を通そうとしない態度に、無性に腹が立ちました。いっそ、官僚とマスコミ関係者の子どもは公立の学校にしか進学できない制度をつくれば公立校のレベルが一気に向上するのではないか。そう考えたりもします。

今でも、メディアが受験を批判するケースはあります。それを見た子どもが影響される可能性もあるでしょう。そのとき親として、言うべきことがあります。

「こんなふうに言っているけど、進学塾を見てごらん。親がテレビ局とか新聞社の子がたくさん来ているかもしれないよ。他人の言い分を信じるより、自分が受験勉強をしたいなら、したほうがいいよ」

言ってはいけない！

「受験勉強すると性格が悪くなるのかしら……」

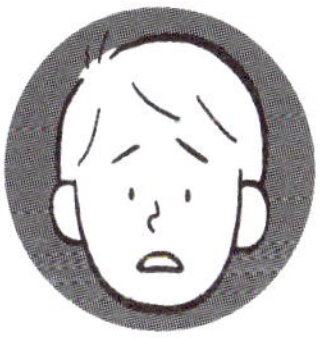

「どうして受験なんかするの？」と聞かれたら

「勉強なんてして何の役に立つの？」

子どもの中には、このように問いかけて親を困らせる子もいることでしょう。こういった質問に対しては、勉強する経験が社会で生きていく上で役に立つことをきちんと伝えるべきです。

勉強、とくに受験勉強では、まず知識を覚えることが求められます。頭に入れた知識を長期間定着させて、それをテスト本番で必要に応じて取り出せるように訓練します。

このスキルは大人になってから問題解決をするときにも役立ちます。必要に応じて知識を取り出せなければ、意思決定を行うことはできないからです。覚えたことを頭に残す方法を身につけるために、受験の経験は非常に有効です。

また、**自分の勉強パターンや自己能力を客観的に分析する練習として、受験ほどふさわしいものはありません。**

というのも、受験では自分の現状の学力と伸びしろを見越しつつ、どの学校を受けるのかを判断します。そして、志望校の出題傾向を分析し、合格に必要な点数を見極め、自分の得意不得意教科を踏まえながら、対策プランを検討します。

たとえば合格まであと20点足りないのであれば、「1年間で国語と算数を10点ずつ伸ばす」といった作戦を立てます。その中では、苦手な科目には時間を使わずに、残りの科目でカバーする作戦を立てるケースもあるでしょう。もちろん、苦手な教科を完全に切り捨てるのは難しいでしょうが、ある程度力の配分を意識する戦略が有効です。

これは不採算部門を切り捨て、勝てる分野に集中して成果を上げる手法として、ビジネスの世界では当たり前のように行われています。

それから、受験当日に向けてスケジュール管理を行う経験は、そのまま仕事でも応用できます。「あと10日あれば合格できた」という主張は受験勉強ではもちろん、ビジネスでも通用しない。これは改めて指摘するまでもないでしょう。さらに、試験本番で国語のテストがまったくできなかったとしても、得意な社会では高得点が取れるように感情をコントロールできる能力を養成できます。

合格に向けて勉強をしていると、我慢して物事を達成する力、人の話を聞く力など、さまざまな問題解決能力が高まるのです。

こう言おう！

「受験の経験は、大人になってから絶対に役立つよ」

健全な「虚栄心」の育て方

目立つことは避けたほうがよい、出る杭は打たれる式の空気が、日本ではまだまだ根強いようです。

たとえば、ボランティアや寄付を行っている人を見たとき。日本では、なぜか慈善行為を素直に賞賛せず、否定する声があがります。

「えらそうに寄付なんてしているけど、ただの売名行為じゃないか」

「ボランティアなんて、偽善だよね」

「せっかくいいことをするなら、黙ってやればいいのにね」

要するに、ボランティアや寄付をしたという「結果」ではなく、あくまでも「性格」を重視するのが日本社会だといえます。

でも、私に言わせれば、**褒められたいから寄付をするのは当たり前ではないか、褒められたいから寄付をする行為のどこが悪いのか、と思います。**

性格重視という考え方を極端に突き詰めると、性格さえよければどんなに悪いことをしてもいいという話になります。それよりも、結果重視で判断したほうが、社会にもたらされる益が大きいのは明白です。

　虚栄心に基づいていても、よいことをしたら素直に賞賛する。逆に悪いことをしたら、「あいつは本当はいいやつなんだ」などとフォローせずに、悪い行為をきちんと批判する。そのほうが、はるかに健全な社会であるといえます。

　これは勉強においても同様です。

　子どもが勉強の結果を誇るのは当然ですし、その結果を褒めるのも健全な行為です。

「ちょっと成績が上がったくらいで、うぬぼれるな」

「成績がよかったとしても、あまりえらそうにしてはいけないよ」

　ついついそうやってたしなめてしまう親が多いのですが、これでは勉強を頑張ればいいのかどうか、子どもの価値観が混乱します。

テストでいい点を取ったら、こそこそせずに堂々と成果を誇っていい。結果重視で、子どもの健全な虚栄心を伸ばしてあげましょう。元来男の子は、調子にのるタイプが多いですから、結果を褒めてどんどん調子にのせるのが得策です。結果を認めるという軸がぶれない範囲で、おだてて伸ばしたほうがよいのです。


こう言おう！

「成績が上がったね。やっぱり○○君はすごいね！」

友達の成績をバカにしたときの対処法

負けん気の強い男の子は、まわりの子をバカにしたような発言をすることがあります。

「○○君は、いじわるで全然、勉強できないんだよ」

「○○さんのこういうところが嫌いなんだ」

そんな発言を聞くと、親は不安になります。自分の子が勉強できるというプラス面以上に、性格に難があるのではないかというマイナス面が気になり、なんとかして矯正しなければと考えてしまいます。

「そんな、友達をバカにするようなことを言ってはダメだよ」

「私はそんな悪い子に育てた覚えはないわ」

「人からそんな悪口を言われたらイヤでしょ。言われた側は傷つくんだからね」

このように頭ごなしに、子どもの発言を否定しにかかります。

けれども、**世の中には「本音」と「建て前」があります。本音を否定するのではなく、上手に使い分ける術を教えるのが親の役割です。**まずは、子どもの考えを否定せずに、

「ママに本当の気持ちを、正直に教えてくれてありがとう」

と伝え、その上で、次のように続けるのです。

「ママも自分のお友達にそう思うこともあったよ。わかるよ。でも、学校で口に出したらどうなる？　あなたが逆にいじめられるかもしれない。そんなことになるくらいなら、言わないほうがいいよね」

つまり、**家ではいくら本音を言ってもいいけれど、外では言ってはいけないことがあると教える**のです。子どもが他人を嫌ったりバカにしたりする気持ちをゼロにするのは困難です。けれども、それと実際に差別行為をしていいというのはまったくの別問題です。

人はさまざまなマイナスの心を持ちます。誰かを疎ましく思ったり、ムカついたり、なんとなく虫が好かなかったり……。それにもかかわらず、好きでもない人たちとも共生の道を探っていくのが人間社会というものです。

子どもは、思春期になると、本音を打ち明ける対象を親から友達へとシフトしていきます。けれども、家庭内で本音を否定され、親に本音を打ち明けることができなかった子は、思春期になっても友達に本音で悩みを相談できません。

こう言おう！

「正直な気持ちを教えてくれてありがとう」

「勉強できるけど面白くない僕」に悩んでいたら

先ほど、「本音」と「建て前」の使い分けについてお話ししましたが、そもそも勉強できる子が、勉強できない子をバカにしてしまうのは、子どもにとって当たり前の反応です。

人間は自分を中心に都合のよい価値観を形成する生き物です。

勉強ができる子は勉強ができる自分を正当化し、スポーツができる子はスポーツができる自分をもっとも格好いいと考え、女の子にモテる子はモテることを最高の価値に置く、というだけです（ときとして、「やっぱりモテたい」という価値観に傾きがちなのもまた男子の特徴ですが）。

逆に、勉強ができない子は、勉強ができない自分を正当化しようと考え、「勉強ばかりしているのはダサい。親のいいなりで生きているだけ、単なるマザコン」などと、全力で否定しにかかります。

それもこれも、人としての自然な行動です。ですから、**親としては子どもが「勉強できる自分は格好いい」と思えるように導けばよいだけです。**あとは、自然の流れに任せるだけで、子どもは自分から勉強するようになるのです。

ところが、社会の中には、この「勉強ができる＝格好いい」と思う自然な感情を無理矢理ねじまげようとする力が働いています。その最たるものが、テレビを中心とするメディアです。

私が子どものころは、ガリ勉はダサい、スポーツができる子が格好いいというイメージが、メディアを通じて連日のように発信されていました。

近年は、「お笑いセンスがある子が格好いい」という風潮が出てきたように思います。それにより、「勉強ができる」だけで自分を正当化できていた子たちが、無理にクラスの人気者になろうとして苦しむケースが増えています。

けれども、学校での「人気」なんて、クラスという閉じられた空間で相対的に評価されるものです。そもそも必死で追い求めるような価値などありません。

「あなたはお笑い芸人のように人を笑わせることができなくてもいいよ。それより私は、勉強ができることのほうがすごいと思うよ」

親が、このように声をかけるだけで、子どもは気持ちがラクになります。勉強ができる自分を素直に正当化できるようになるのです。

こう言おう！

「お笑い芸人みたいに、人を笑わせることができなくてもいいんだよ」

感情をコントロールできる子、できない子の差

拙著『感情的にならない本』（新講社）が多くの読者を得たこともあって、しばしば私が「感情を抑え込むべき」「感情を超越して達観するのが理想だ」と主張しているように誤解されることがあります。

けれども、**実のところ、私自身どちらかというと感情の激しい人間です。**とくに、せっかちでちょっとしたことにイライラする性格であることは自覚しています。

感情は、自然に発生するものであり、それが起こるのを止めることはできません。ただ、テクニックの使い方しだいで、感情に振り回されて不適切な行動をとったり、人間関係をこじらせたりするのを避けることは可能です。

大切なのは、感情のままに行動して失敗しないようにする心がけです。後伸び型で、なかなか感情をコントロールできない男の子にも教えておく必要があります。

感情的というと、怒ったり不機嫌になったりするイメージが強いのですが、他人への同調も感情的な行為です。

たとえば、子どもはしばしば「みんなが○○だと言っているから、僕も○○する」など

と言うことがあります。このように、他の子どもに同調して判断することは、一見すると感情的にならずにクールに対応しているように思えます。けれども、自分自身の判断よりも、**まわりの考えや空気を優先してしまうのは、理性的判断ではなく、感情に流されて行動していることに他なりません。**

各種の心理実験によると、人間は、自らにメリットがない状況でも、周囲に合わせたり他人に服従したりする感情を持っていることがわかっています。

ただでさえ他人に同調しやすいのに、他人に合わせて判断し続けていたら、自分の考えで行動できなくなります。**私は、子どもに対して、感情ではなく「勘定」で動くことを、しっかり教えるべきだと考えます。**

「ここはまわりに合わせていたほうが、最終的に自分がやりたいことを実現できそうだ」

「みんなに合わせたフリをして、別の方向から目的達成を目指そう」

そう考えて行動するのであれば、感情ではなく、勘定を重視しているといえます。日本では、「勘定」で動くのは小狡《こずる》いと批判されがちです。けれども、社会を生き抜く上では、無意味に服従するより、勘定ずくで行動する力が求められるのです。

こう言おう！

「みんなに合わせる必要はないよ」

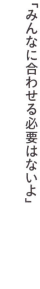

なぜ「友達が少ない子」だと親は心配なのか？

どうやらうちの息子には友達がいないらしい――。

そんな事実に気づくと、ほとんどの親はパニックに近い焦りを感じます。とくに最近の若い親にその傾向が強いようです。

私の娘も、どちらかというと友達をつくるのが苦手なタイプでした。通っていた私立小学校の行事で、遠足に行った際、子ども同士で2人ずつ座席に座っているのに、娘だけは1人でポツンと座っていたことがありました。見送りにいっていた妻がそれを見て焦り、「どうしよう」と私に訴えてきたのを覚えています。

私はその話を聞いても、たいして焦りませんでした。「どうしても学校が合わないのだったら、環境を変えてみよう」と言い、最終的には付属の中学には進学せず、改めて中学受験を目指す決断をしました。どちらにしてもそれほど危機感を感じてはいませんでした。

私自身、小学校のころ父親の仕事の都合で6回も転校した経験があり、仲間はずれやいじめを受けるのが日常的な環境の中で育ってきました。それに気づいた母親は、「みんなに合わせて輪の中に入れ」「もっと友達をつくる努力をしたらどうなの？」などとは、一言も言いませんでした。「いじめているあいつらのほうがアホや」「お前は勉強で見返してやればいい」などと、むしろ勉強意欲をたきつけられたのです。

なぜか世間では、「子どものころからの友達は純粋に付き合える」などと理想化しがちです。しかし、本当にそうでしょうか。実際、小学校のころの私はあまり友達がいませんでしたが、大人になった今、たくさんの友達と付き合っています。大人になってからの友達のほうがお互いに役に立てるし、話も合ってずっと遊び続けられるよさがあると実感しています。

友達がなかなかできないとき、無理に個性を押し殺してまわりに合わせていると、大人になってからもみんなに合わせるだけのつまらない人間になるかもしれません。

ただでさえ、本格的なＡＩの時代になれば、半数近くの人が職を失うとされている時代です。人に合わせて従っているだけでは、時代の変化についていくのは非常に困難です。

また、**学校では友達ができなくても、塾で友達ができる可能性はあります。**私の経験から言っても、塾では勉強ができれば一目置かれるので、非常に居心地がよかったのです。当時、仲良くしていた塾の友人とは、今でも付き合いが続いています。友達をつくる環境は、何も学校に限らないのです。

言ってはいけない！

「子ども時代の友達は大事よ！」

子どもが「いじめられているかもしれない」とき

いじめられているという事実は、子どもにとって非常に屈辱的な事実です。親に知られるのは恥ずかしいという思いもありますし、親が知れば悲しむという気持ちもあります。いろいろな様子がからんで親に言わないケースが多いのです。

私自身、中学時代にいじめにあった経験がありますが、なかなか親に相談できず、苦しい思いをしたのを思い出します。同じように仲間はずれにされた生徒のグループがあり、彼らの存在が唯一の救いでした。

やはり、いじめ問題については、第一に子どもがいじめにあっているという事実を親に打ち明けやすくするのが肝心です。

普段から、何かあったときに親に相談しやすい環境をつくっておく必要があります。

「もしも、いやがらせやいじめを受けたら、お父さんやお母さんに正直に話してほしい。話すことはけっして恥ずかしいことじゃないよ」

こういったメッセージを折に触れて伝えておくべきです。

子どもには「お父さんやお母さんはいつでも自分の味方だ」「困ったときに相談できる

人がいる」と安心感をもたせましょう。

子どもがいじめを受けていると知ったとき、まずは法律に触れているかを確認します。

暴力や恐喝を受けている場合は、明らかに犯罪行為ですから、犯罪被害者として警察に届けるべきです。

近年は、いじめに対する社会的な関心も高まっていますから、警察も介入するケースが増えています。いじめた子が犯罪者として罪に問われるわけではありませんが、警察から事情を聴かれるだけでも精神的なプレッシャーとなるはずです。

学校は社会の縮図であり、社会で生きていくための力を養う場所ですから、いじめ問題は公にせずに学校内だけで解決する、というスタンスは間違っていると私は思います。

現に、子どもの自殺が起きてから学校や教育委員会がいじめを否定して大問題になったニュースが後を絶ちません。しかし世論の批判を受けて、いじめを認めたからといって、子どもの命は戻りません。

法律に触れた行為については、泣き寝入りをせずに、学校に殴り込みにも行かずに、冷静に警察沙汰にする。これが社会のルールなのです。

こう言おう！

「お父さんやお母さんは、いつでも味方だよ」

軽いいじめ、いじりへの対処法とは？

犯罪的ないじめではなく、ちょっとした悪口を言われたり、仲間はずれにされたりした場合は、対応が異なります。仲間はずれや悪口がしばしば起こるというのもまた、学校が社会の縮図であるからです。これに対して、いちいち学校や相手の親に抗議をするばかりが解決方法ではありません。

子どもはかえって肩身の狭い思いをして、「親に話すと、ものすごく心配をかけてしまう」「あんまり大ごとにしてほしくないな」と考え、むしろ親に相談しにくくなります。

軽いいじめやいじりについては、子どもに問題解決の方法を身につけさせるのが肝心です。大人の社会にも、いじめや嫌がらせに類することはしばしば起こりえます。それに対処する力を子どものころから養っておくべきです。

まずは、親自身が子どものいじめを過度に恐れないことです。親が恐れている様子を感じると、子どもが「いじめられている自分はみじめだ」と感じてしまうからです。

「いじめをするような友達は、本当の友達かな？」

「そんな子から仲間はずれにされても全然かまわない」

このように伝えて子どもを励ましましょう。

いじめられても未来には必ず希望がある、いじめは一生続くわけではないと伝えるのも効果的です。子どもにはつらい今の状況が人生のすべてですが、決してそうではありません。これはお父さんのほうが伝えやすいかもしれません。

「子どものころにいじめを受けていた人が、社会に出てから大成功している例はたくさんあるよ」

「今はつらいかもしれないけど、必ず将来は楽しいことがあるよ」

有名人や歴史上の偉人のエピソードを探し出してきて伝えると説得力が増します。繰り返し未来に希望を感じさせれば、子どもは勇気をもって生きていけます。

家庭外の人とのつながりで子どもに希望をもたせる手段もあります。たとえば、スクールカウンセラーに相談に乗ってもらうのも1つの方法です。

あるいは、学校以外にいじめを受けない環境をたくさんつくる方法もあります。塾や習い事の教室に行けばまったく違う人間関係があります。そこで温かく受け入れてもらう経験をすれば、子どもは自分の居場所があることを実感できます。

こう言おう！

「いじめをするような友達は、本当の友達かな？」

本当に「いい先生」を知っていますか？

教師を主人公とするドラマの影響なのか、「人情味にあふれ、物わかりのいい人格者＝名教師」というイメージが定着しています。ドラマでは、細かな学習指導の様子はほとんど描かれず、むしろ学校外での問題解決が物語のメインとなります。

そのほうが映像として面白いのでしょうが、親や子どもがドラマの教師像に引きずられてしまうのは非常に危険です。

人格者としての先生は、矯正施設の指導者としては優れていると思います。さまざまな事情を抱えて道を踏み外してしまった子どもたちが、前向きに社会復帰できるように導く。そんな先生のドラマだったら、私も共感します。

でも、通常の学校では学びを通して社会で生き抜く力を身につけさせる場です。**わからないことをわかるようにする、成績が悪い子を伸ばしてあげられるのが、「いい先生」である。**この原則をくれぐれも忘れてはいけません。

小河勝《おごうまさる》さんという教育者がいます。

小河先生は中学生向けの国語、算数の教材である「**小河式プリント**」で知られ、陰山英男先生とともに小・中学生の基礎学力向上に取り組んでいます。

小河先生が、2008年に大阪府教育委員会委員に就任し、大阪でも有数の荒れた中学校に乗り込んだときの話です。先生は、なぜか生徒たちに百ます計算をやらせました。生徒からは「ふざけるな」などと反発されるかと思いきや、意外にどんな生徒も熱心に取り組むのだといいます。

なかでも、もっとも荒れていて手に負えなかった子は、もともと負けん気の強い性格だったのが奏功して、他の生徒に負けたくない一心で熱心に計算に取り組んだそうです。

そんなエピソードを聞いて、非常に感心しました。

私は、この小河先生のような指導のほうが、ドラマの人情味あふれる先生よりも、よほどプロフェッショナルだと思います。学校の先生に求めるのは、男の子の負けん気を刺激して勉強への意欲を伸ばして上げることです。

とはいえ、現実には学校の先生は万能ではありません。生徒の成績を伸ばせない先生にあたってしまうときもあります。この場合は、家庭内でフォローするのはもちろん、塾や家庭教師など、市場原理の中で評価されているプロの教師に頼るべきでしょう。

「マッチョ思想」で男の子を育てない

「男の子なんだから強くならないとね」
「もっと男らしくしなさい」
なんとなく、無意識のうちに、男らしさを重んじるような言葉をかけているケースが多いと思いますが、これは考えものです。

男の子の「負けん気」を育てることと、男の子をマッチョに育てることとは別です。

私がアメリカに留学したときに痛感したのが、アメリカはやはり〝軍隊のある国〟だということです。強い軍隊を維持するためには、マッチョを美化する必要があります。したがって、男性にはマッチョさを期待する風土ができあがります。

たしかにハリウッド映画などを見ていても、いつの時代でも男らしいスターが活躍しているのを目にします。反対に、なよなよした男性はバカにされるイメージがあります。

アメリカでは、小さな男の子に対して、日本以上に男らしさを重視した子育てを行っています。ところが一方で、マッチョさを期待しながらも、それが実社会では受け入れられない場面が多々あるのも、またアメリカの現実です。

アメリカでは、大人になって一歩外に出たとたん、女性蔑視的な発言をしたり、男性優位な態度をとったりしようものなら、徹底的なバッシングを受けますし、下手をすると仕事を失うこともあります。

アメリカでトランプ大統領が受け入れられたのは、その矛盾に不満を持っている男性が多数いたからではないか、と私は推測しています。行き場を失ったマチズモ（男性優位的な思想）の受け皿として、トランプ氏のマッチョな発言が熱狂的に支持され、ついには大統領にまで押し上げたのではないか、というわけです。

アメリカでDVや児童虐待が多いのも、このような矛盾が影響していると考えられます。そういった現状を見て、私はマッチョな子育てを否定する考えに至りました。

日本でも、男性優位の社会のあり方はどんどん変わってきています。政府は女性活躍をうたっていますし、実際に優秀な女性が社会で活躍する場がどんどん増えています。

変化する世の中で、マッチョな子育ては男の子を苦しめ、社会的に不適応にさせるだけです。男の子にマナーを身につけさせるときには、「男らしくしなさい」ではなく、「こうしたほうが格好いいね」という伝え方が有効ではないでしょうか。

言ってはいけない！
「男の子だから、○○しないと！」

第6章

「9歳の壁」を理解する

それ以前と、
それ以降の勉強法は違う

「9歳の壁」をご存じでしょうか。

9歳の壁とは、9歳ごろに起こる子どもの思考法の変化。この時期を境に、子どもの思考は「単純思考」から「抽象思考」へと成長していきます。

9歳の壁が問題となるのは、この時期が、中学受験に向けた本格的な勉強を開始する時期に相当するからです。

この壁を乗り越えるのが遅い場合、受験勉強で不利になるのは事実です。

しかし、焦らなくても子どもは必ず壁を乗り越えます。

親は、子どもの成長を信じて待ち、成長に合わせて最適な進路を選択してあげる必要があります。

「9歳の壁がある」と理解する

小学校時代の勉強を考えるにあたっては、「9歳の壁」という問題を避けて通ることはできません。

「9歳の壁」とは、9歳のころに起こる子どもの思考法の変化を指しています。

子どもは、9歳くらいまでの時期に、乾いた砂が水を吸い込むように言葉や知識をどんどん吸収していきます。

鉄道好きな男の子は、車両の名前や路線名や駅名を驚くほど暗記しますし、恐竜好きの子は恐竜の名前をいとも簡単に覚えてしまいます。

この時期は「**単純記憶**」にすぐれ、丸暗記で考える単純思考の傾向が続きます。これが9歳ごろになると、今度は物事の因果関係を理解したり推測したりする抽象思考が発達していきます。

これにしたがって、記憶の方法も、体験や知識と関連づけて覚える「**エピソード記憶**」へと移行していきます。

つまり、**「単純思考」から「抽象思考」へと移行する思考の過渡期が「9歳の壁」**と呼ばれているわけなのです。実は学校の勉強のカリキュラムも、こうした成長にある程度連動して設計されています。

「9歳の壁」は、必ずしも9歳で越えるわけではなく、子どもによって個人差があります。8歳でクリアする子もいれば、10歳を過ぎてからクリアする子もいます。

壁を乗り越える時期には個人差があるため、壁を乗り越えるのが遅い子の場合、どうしても「一生懸命勉強しているのに、その割に成果が出ない」という状況が生じます。

発達の問題である以上、勉強さえすればよいということでもないので、後述するように中学受験ではかなり不利になると言わざるをえません。一説には3〜4割の子がこの時期に努力が実りにくくなるとされています。

ともあれ、基本的には遅かれ早かれ誰もが壁を確実に越えて成長していきます。あまり気をもんだり神経質になったりする必要はありません。

ましてや、成長が遅いからという理由で子どもを叱るのはもってのほかです。早期教育を行ったからといって、壁を越える時期が早まるわけではありません。とくに男の子には後伸びでゆっくり成長していく子が多いですから、親として子どもの成長ペースを温かい目で見守るべきです。

9歳の壁を1つの基準として、その前後で勉強の仕方を変えてみましょう。

次項では、具体的な勉強の仕方をご紹介します。

「9歳の壁」以前の勉強法

「9歳の壁」を越える前の子どもは、ものすごい勢いで言語を習得していきます。とくに1～5歳の幼児期は、単語の意味を理解して覚えたり、文法を身につけたりして話しているのではありません。父親や母親、まわりの人が話している言葉を丸暗記してオウム返ししているだけです。

ですから、**この時期は、なるべくたくさんおしゃべりをして、正確な日本語を聞かせる**のが効果的です。テレビやラジオでニュース番組を聴かせるのもよいでしょう。

この時期の記憶の仕方は「**意味記憶**」といわれます。

意味を持たせたり考えたりせず、次から次へとどんどん吸収していくのが意味記憶です。意味記憶が優位であるこの時期には、学習のベースとなるさまざまな知識をできるだけたくさん覚えさせるべきです。

パソコンと同じように、人間の脳も、まずは基本となるデータをしっかりインストールすることが肝心です。基本となるOSやさまざまなソフトをインストールしない限り、パソコンはただの箱にすぎません。辞書ソフトや計算ソフトが充実したパソコンは有能といえるのとまったく同じ理屈です。

「9歳の壁」を越えていないようであれば、塾は時期尚早と考えて、「単純記憶」に特化した勉強をしましょう。 暗記できるものは、とにかく丸暗記する。これが基本的な考え方となります。こういう時期に漢字ドリルなどをたくさん覚えさせておくと、後々受験する際に有利になります。

意味がわからないうちに丸暗記させるよりも、理解することのほうが重要だとする批判がありますが、子どもの脳の特性を考えれば的外れな批判だといえます。

単純記憶が優位な時期に漢字の書き取りや、社会や理科の暗記項目に取り組むと、本人の自信を高めることにもつながるのです。

なお、英語の習得も、この時期に始めると効果があります。単純記憶にすぐれた幼児は、耳で聞いた英語をそのまま再現するので、大変なスピードで英語を習得できるのです。中学で習う英単語を早めに暗記させるのもよいでしょう。

また、この時期には簡単な計算問題を解き続けるのも有効です。

毎日、計算問題を解き続けることで、手足の筋肉を鍛えるのと同じように、脳もさまざまな部位が活発に働くようになり、活性化されます。

「9歳の壁」以降は、3つのステップで記憶する

「9歳の壁」を越えたら、体験や理解に基づいて覚える「エピソード記憶」が優位となります。ここからは、算数の文章題や図形の複雑な問題、国語の読解問題が解けるようになってきます。

子どもがエピソード記憶優位の段階を迎えたら、記憶過程の3つのステップを理解させましょう。記憶には次の3つのステップがあります。

《ステップ1》**記銘**
《ステップ2》**保持**
《ステップ3》**想起**

「**記銘**」は、新しい刺激を受け入れて記憶すること。私が編み出した暗記数学のように、数学の解法を理解しながら暗記していくのが、この段階です。

次のステップが「**保持**」です。これは、新しく入ってきた記憶を、長い期間にわたって

忘れないように貯蔵することです。

そして、「**想起**」は、記憶したことを思い出すことです。

この記憶の3ステップを理解すると、思うように成績が上がらないときに、自分がどのステップでつまずいているのかが把握できます。

では、それぞれのステップをどのように強化していけばよいのでしょうか。

「**記銘**」の力を伸ばすには、覚えることに対して集中して理解することが大切です。きちんと理解した上で覚えるというのが大前提です。

「**保持**」の力を伸ばすには、繰り返し復習するのがポイントとなります。人間の脳は、覚えた情報を常に忘れていくようにつくられています。記憶を定着させるには、復習を繰り返すことが欠かせません。

「**想起**」を伸ばすには、アウトプットが効果的です。たとえば、算数の解き方を覚えたら、応用問題にどんどん取り組むようにします。アウトプットを繰り返すうちに、解法が自分のものになります。慣れてくれば、問題を見た瞬間に、どの解法を使えばよいかが想起できるようになるはずです。

友達同士で問題をつくって出し合ったり、苦手な友達に教えてあげたりするのも有効なアウトプットの手段です。わからない友達にわかりやすく教えることは、記憶の保持と想起にも大きく役立ちます。

小学校低学年までは、塾に通わなくていい

9歳の壁について理解した上で、親として学校以外の勉強をどのようにフォローしていくべきか。ここで考えたいのは、「学習塾の活用」です。

小学校低学年までは焦って学習塾に通わせる必要はない、と私は考えます。この年代を対象とした学習塾では、基本的に計算などを反復練習することが多く、退屈に感じてしまう子が多いからです。

それよりも、家庭内で勉強する習慣をつけるのに注力すべきです。小学校低学年レベルであれば、親に特別な知識がなくても、子どもに勉強を教えることはできます。

「東大卒の親を持つ子は、東大に合格しやすい」という話があります。これは、親が東大に合格する勉強法を知っているからです。

自分の受験経験をもとに、「ここだけ押さえれば大丈夫」「ここはわからなくても平気」などとアドバイスできるので、効果的な学習ができるというカラクリがあるのです。

そんなことを言うと、

「私は東大を出ていないのはもちろん、有名大学出身でもないので、勉強の教え方がわか

らない。結局ダメじゃないの」

という声が聞こえてきそうです。

けれども、受験経験がないからといってあきらめるのは早すぎます。「教え方がわからない」「学校の勉強なんてブランクがあって自信がない」人は、子どもと一緒に学んでいけばよいのです。

第1章で私はいろいろな勉強法を試した佐藤ママの事例を紹介しました。私が書籍で紹介している和田式の学習法に限らず、さまざまな学習法の中から、子どもに合ったものを取り入れていきましょう。子どもにもっとも合っている学習教材を選ぶのも、間近で子どもに接している親だからこその役割です。

なお、子どもが、どうしても「学校がつまらない、学校に行きたくない」という場合は、家庭ですべてを抱えずに塾への通学を検討してもよいでしょう。

「そうだね。塾には面白い先生がいるかもしれないから行ってみよう」

と言って、子どもを塾に連れて行けばよいのです。一般的に、シビアに市場価値を問われている塾の先生のほうが教え方もうまいのは間違いありません。

塾で学んで成績が伸びるのを面白がることができる子は、学校よりも塾が合っているといえます。**男の子には、やればできる、成長を実感できるような課題を出してくれる塾がおすすめです。**

そもそも、「中学受験」はするべき？

都心を中心に、小学生の子を持つ親の多くが悩みを抱える重要な選択に「中学受験」があります。中学受験を考える上で気をつけたいのは、受験には子どもによって向き不向きがあるという点です。

とくに親はブランドイメージで志望校を決めてしまいがちですが、学校によって出題する問題にも特色があります。受験そのものだけでなく、学校にも向き不向きがあるのです。そもそも子どもの特性に合った問題を出題する学校を受験しないと、結局不合格になり、子どもの心に傷を残す結果にもなりかねません。

親が決めた志望校ありきで受験を考えると、かえって子どもの自信を失わせてしまいます。受験を考えるのであれば、志望校の入試問題を入手して、自分の子に合っているかを最低限確認しておく必要はあるでしょう。

そしてこれは、出題傾向とも関連してくるのですが、学校によって校風も大きく異なります。**男子校であれば、文武両道を重んじる校風や、自由を重んじる校風など、明確に学校ごとのカラーがあります。**

仮に合格できたとしても、入学後に学校のカラーに子どもがなじむとは限りません。せっかく努力して受験に合格しても、学校生活が苦痛になっては本末転倒です。

また、発達がゆっくりな子や、早生まれの子は概して受験そのものに対して不利な状況にあります。そして残念ながら受験に求められるセンスやひらめきに乏しい子もいます。こうした子を無理に受験させても、かえって子どもの性格を消極的にしてしまうだけなのです。

中学受験に向かないからといって、悲観する必要はありません。勉強は、その先の大学進学も含めて、トータルで考えることが大切です。

特に日本の場合は、受験でせっかく大学の付属校に入学しても、その後勉強しなければ、結果として損になる可能性もあります。

本当は、中学、高校としっかり勉強しておけば、東大に合格できたかもしれない学力を持つ子が、学力を発揮しないままエスカレーター式の付属の「そこそこの大学」に進学してしまう。実はこのようなケースはけっこうあるのです。これは見ようによっては、非常にもったいないことです。

大学受験はセンスよりも努力と「やり方」がカギを握ります。中学受験を選択しなかった場合は、大学受験を見据えて、子どもの学力を伸ばしていきましょう。

和田式 志望校の選び方

中学受験を選択した場合は、早めに志望校を決めておくのをおすすめします。早めに志望校を決めれば、1~2年単位で合格に向けた長期計画を立てることができます。また、子どもの目標も明確になるので、合格したいというモチベーションにもつながります。

志望校を決めるにあたっては、過去問との相性も参考にしましょう。

1~2年分の過去問に取り組んでみて、どのくらい点数を取れるかをチェックします。最終的に受験直前に6~7割とれればよいのですから、まずは子どもの得意分野と不得意分野を明らかにして、問題の傾向、難易度、配点などをもとに、相性がいいかどうかを判断します。

偏差値などを基準にして、高ければ上位校に合格できるわけではなく、逆にランクを落としたからといって、必ず合格できるとも限りません。入試問題は学校ごとに特色もさまざまであり、子どもとの相性は無視できない要素といえます。

過去問の分析は、子どもの学力や特性から挑戦すべき学校を選ぶ作業ですが、同時に、すべり止め校を見つける作業でもあります。幅広い中学の過去問を調べておくようにしてください。

もちろん志望校は、親が一方的に押しつけるのではなく、子ども自身の希望も聞きましょう。子どもが行きたいという学校があれば、やはり勉強のやる気も出ます。

たとえば、私が知っている男の子は、小学校の間リトルリーグで野球漬けの毎日を送っていたのですが、高校野球を見て、ある大学付属校の野球部に入りたいと思ったそうです。その時点で、すでに6年生の夏休みに入っており、大きく出遅れていたのは確かです。しかし、猛勉強の結果、見事に志望校に合格できたといいます。

私自身の経験を振り返っても、灘中は私服で髪型も自由というのが決め手になりました。当時、公立中学の生徒は丸坊主にしなければならず、それだけは嫌だという一念で受験勉強を頑張ったものです。

女の子に負けると自信を失いやすいタイプの男の子であれば、男子校を選んだほうがよいといえます。

男子校なら、女子と比較されずに、のびのびと勉強に取り組むことができます。

大人になってクリエイティブな職業に就いている人は、男子校出身者が多い傾向があります。一方で、共学校は、女性とのコミュニケーションが上手になるので、社会人になってからも女性と一緒に仕事を進めやすくなる可能性が高いといえます。

和田式　塾の選び方

中学受験勉強対策として塾に通わせる場合は、子どもが楽しいと思えるかどうかを重視してください。

「いい塾は楽しい」が、原則です。

塾の勉強についていけるかどうか以外にも、好きな先生がいる、塾に行くと仲の良い友達がいるというのも、塾が楽しくなるポイントとなります。とくに塾講師の先生と子どもの相性を最も優先すべきです。

小学校では、勉強ばかりしている子は格好悪いという雰囲気もあるので、勉強を全肯定してくれる講師が好きになり、塾に通うといきいきできる子も多いと思います。わかりやすい授業をしてくれて、テストでいい点数をとらせてくれる講師がいれば、子どもは塾に楽しみを見つけることとなるでしょう。

実際に塾に通わせてみて、子どもがなんとなく楽しそうでないように見えた場合は、「もっと先生の話がわかりやすい塾があるみたいよ」と提案してみてください。子どもが楽しいと思える塾は必ずあるので、根気強く探していただきたいと思います。

なお、中学受験界には、「名門塾」と呼ばれる定評のある塾があります。こうした塾には実績があり、カリキュラムや教材も充実しています。こうした塾で厳しい競争に勝ち抜いていけるような性格の子であれば、塾に入って大きく力を伸ばせるはずです。名門塾でトップクラスの成績を保っていれば、かなりの高確率で、御三家クラスの名門中学に合格できるといえます。

一方で、**名門塾での競争についていけず、自信を失ってしまうタイプの子もいます。**親としてはたとえ下位でも名門塾に食らいついていけば、どこかに合格できるだろうとの期待もあります。つまり、名門塾のブランドにしがみつく親が少なくないのです。

しかし、**塾に通うことで、勉強嫌いになっては元も子もありません。**この場合は、比較的レベルの低い塾で優等生であることを実感させてから、レベルの高い塾へとステップアップさせたほうが得策です。

いずれにしても、親は子どもに多くの選択肢を用意しておくべきです。「国語の専門塾で成績を伸ばしてくれる塾がある」「小さいけれど、○○校に特化した準備をしている」など、塾にもさまざまな個性があります。こまめに情報収集をすれば、子どもの性格や現状の学力にあった塾を選ぶことができます。

いわゆる「スパルタ中学」の問題点

子どもが中学受験する場合、校風以外に学校選びで重視するのは進学実績です。

確かに進学実績は見逃せないポイントです。現在は、進学実績を上げないと、学校に子どもが集まらない時代です。逆にいえば、進学実績に劣る私立校は、存続の危機に立たされかねない状況です。子どもが校風に合っているかどうかわからない場合は、進学実績を優先すべき、とはいえます。

そんな中、それほど偏差値は高くないけれど、それなりの進学実績を残している「**お買い得校**」と呼ばれる学校があります。こうした学校の中には、たくさん課題を課したり、宿題をさせたり、成績上位でないと部活動ができないなど、いわゆるスパルタ教育を行っているケースもあります。

自主的に学習する習慣がついていない子を鍛え上げて、中の上くらいの学力を身につけさせようとする場合、スパルタ式はたしかに効果があります。うまくいけば、早慶上智GMARCH（学習院、明治、青山学院、立教、中央、法政）などの有名大学に進学できるくらいの学力が身につく可能性は十分にありえます。こういった大学への進学で満足できるのであれば、「お買い得校」への進学はアリです。

けれども、**東大などの国立大学や医学部への進学を目指すのなら、スパルタ式の学校はおすすめできません。**学校で使う時間が多すぎるせいで、自主勉強をする時間や塾に通う時間がとれなくなり、東大や医学部に特化した勉強ができなくなるからです。

今や、東大に合格する生徒のほとんどが塾通いしていることは周知の事実です。開成高校の生徒も大半が塾に通っています。開成高校が東大に進学させているというより、塾が東大に進学させているといったほうがいいような状況です。

それを踏まえると、東大進学を目指すなら、学校の拘束時間や宿題が少なく、塾に行きやすい自由な校風の学校のほうが有利です。

中学自体は偏差値がそれほど高くなくても、そこで努力して「自分はできる」という自信を持てば、大学合格の可能性は高まります。

どの学校がふさわしいかは子どもの性格にもよります。こうした点を総合して、子どもの進学先を選んでください。

「中学受験」に向く子、向かない子

大手中学受験塾の多くが3年生の2月スタートですから、ここが子どもに中学受験をさせるかどうかの大きな見極めポイントとなります。

この時点で、前述した**「9歳の壁」を越えているかどうかが判断基準**となります。逆にいえば、9歳の壁を越えていないと受験では不利になりますし、無理に入塾させても、子どもの自信を失わせかねません。

受験勉強に向いている子は、問題を楽しみながら解きます。そして、解けたという体験を積めば積むほど、前向きに勉強に取り組みます。

できない問題があったときに悔しがり、「次は頑張って解くんだ」「どうやったら解けるのか教えて」と負けん気の強さを見せる男の子も、受験に向いているといえます。当初は「9歳の壁」を越えていなくても、勉強をしていくうちに、壁を突破して急激に成績が伸びるケースもあります。

一方で、中学受験に対応できるセンスがないと、一生懸命努力してもなかなか解けるようにならないので、子どもはどんどん苦痛になります。また、問題が解けずに、しょげかえってしまう心の優しいタイプの男の子もいます。こうした子が、そのまま勉強嫌いになってては元も子もないので、早めに受験勉強からの撤退を検討すべきです。

中学受験で、人生が決まるわけではありません。最終的に大学受験という目標に切り替えて、子どもにあった勉強に取り組めばよいだけです。

中学受験塾を退会したら、そこから公立中学の英語と数学の「先取り学習」を進めましょう。中１の英語の教科書は取り組みやすいですし、数学も中学受験塾と比較すれば簡単です。いずれもセンスというより努力しだいでレベルアップできますから、どんどん先取りして損はありません。中学入学時点でトップに立てば子どもの自信も回復しますし、大学受験に向かってまわりの子をリードすることもできます。

なお、まったく受験勉強をしていなかった子が、夏休みに進学塾で中学受験にそなえたオープンテストを受けてみるのはよいと思います。

近くに大手の塾と提携している塾があれば、そこで受けられます。夏休みに旅行で東京や大阪に出る機会を使って受験するのもよいでしょう。本格的に受験勉強をしていなければ、結果は惨憺《さんたん》たるものになるはずです。しかし、「この差を埋めてやるぞ」とバネにできるような子にとっては、大きな刺激になることでしょう。

「公立中高＋レベルの高い塾」という方法

オーストリア出身の精神科医であり心理学者でもあったアルフレッド・アドラーは、「人は挫折を重ねるうちに、成功しようとする気力が失われる」といった趣旨の発言をしています。私も同感です。

前述したように、私立中学で無理してストレスを抱えながら勉強するくらいなら、公立中学で成績トップに立って、精神的な優位を感じるほうが得策です。

仮に私立校をあきらめて進学した子でも、そういった学習意欲の高い公立校でトップクラスの成績を収めれば、「自分は勝てる」という自信を身につけ、最終的に大学進学で逆転することもできます。

公立中学に進学する場合は、勉強熱心な学校を選ぶのが原則です。優良校や越境入学者が多い学校などは、インターネットや口コミなどを通じて、親自身の力で調べられます。情報を総合して子どもに合った公立校を選択してください。

実際に、**あえて公立校に進学して、最終的に東大合格を果たしている実例も多くあります。**

私は知っている出版社の編集者から、2人の子を東大に進学させたフリーライターの人がいると聞いたことがあります。そのご家庭の年収は500万円台前後だったそうです。その年収では2人の子を私立の中高一貫校に進学させつつ塾にも通わせるのは難しいと判断し、公立校に進学させる決断をしたといいます。

その代わり、**塾だけは、麻布や開成など、有名私立高の生徒が多数通うようなレベルの高いところに入会させて、高レベルな勉強をさせた**のだそうです。名門高校の生徒でも、授業のカリキュラムだけでは東大に合格できないと知っていたので、同じ塾に通わせればチャンスがあると考えたわけです。

私立の中高一貫校に進学すると、授業料は年間100万円近くかかります。一方で、進学塾なら、授業料が高くても、月に4~5万円ほどの出費ですみます。結果として、半分以下の費用で大学受験用の勉強を続け、最終的に東大受験に成功したというわけです。これも1つの賢い戦術だといえます。

要するに、**いい勉強の「やり方」さえ身につければ、環境を問わず東大合格の道は開かれます。**公立校への進学を考えている場合は、こうした戦略を参考にしながら、学校選び、塾選びを進めていただきたいと思います。

第7章

「後伸びする男子」をつくる家庭の秘密

子どもが勉強するようになるには、勉強に向き合いやすい家庭環境づくりが不可欠です。

家庭環境には、ハード面の環境もあれば、しつけなどソフト面の環境もあります。

そもそも、子どもに一方的に勉強を押しつけるのではなく、家庭内で「勉強は善である」という共通認識を持つことも重要といえます。

この章では、「勉強ができる子の家庭で行っていること」をさまざまな側面から明らかにしていきます。できるところから、積極的に取り入れていただきたいと思います。

ぜひ、「勉強するのが当たり前」という環境を親子でつくっていきましょう。

お母さんは子どもの「根気」を伸ばす力がある

お母さんが伸ばすことのできる男の子の能力は「根気」である、と私は思います。子どもの勉強にとことん付き合い、「勉強できた」という成功体験をどれだけつくれるかがカギとなります。この成功体験を足がかりとして、子どもはつらい勉強でも乗り越えようとする根気を少しずつ育んでいくわけです。

子どもの根気を養うには、親自身にも根気が求められます。

その意味で、比較的教育に時間を投入できる専業主婦が有利なのは否めません。専業主婦のお母さんは、持てる時間を子どもの教育に存分に投資してください。

とはいえ、私は子どもを持つ女性が家庭にとどまるべきと主張したいわけではありません。仕事と子育てを両立しているお母さんは、子どものために時間を優先的に配分しましょう。

「私も仕事で疲れているのに、夫は手伝ってくれない」という態度が全身に表れていると、子どもは「自分のために頑張ってくれている」とは思えなくなります。

ポイントは、子どもが愛されていると思えるかどうか。「忙しくてもママはお弁当を作ってくれる。自分と話す時間をつくってくれる」と思ってもらえればよいのです。

仕事をしているお母さんは、時間を捻出する工夫をしてください。

まずは、家事に優先順位を付けましょう。

最近では、コンビニやスーパーで売られているお総菜のレベルも、一昔前と比較すると格段に進化しています。インスタント食品も、食品添加物の規制が厳しくなっていますから、さほど有害視するものではなくなっています。

平日はそうしたものに頼り、浮いた時間で子どもの勉強に付き合うのもよいでしょう。

週末に手作り料理をつくれば、バランスもとれるものです。私だったら、手づくりご飯にこだわるよりも、子どもの勉強に付き合う時間を優先したいと思います。

もっといえば、家事代行を利用するのも1つの方法です。

共働き家庭で、ある程度収入があるのであれば、プロに家事を頼めばよいのです。

仮に時給2000円で、週に2回、3時間の家事代行を依頼したとして、月額4万8000円。それで自分の仕事のキャリアを守ったほうが得だと思うのですが、いかがでしょうか。

家事代行も永遠に利用するわけではないのですから、無理のない範囲で検討してみましょう。

お父さんが伸ばせる能力とは「何」か？

子どものために、お父さんができることもたくさんあります。

運よくお父さんが勉強ができる場合は、勉強のコツを教えてあげるとよいでしょう。仕事などで、長時間子どもと一緒に勉強できなくても、勉強ができるお父さんが言うセリフには説得力があります。

「**この問題は悪問だよ。できなくても東大に受かるから大丈夫。それよりも、こっちを勉強したほうがいいよ**」

こういったお父さんの発言を聞くと、男同士、男の子は不思議と気が楽になります。

以前、私がある夫婦の受験カウンセリングを行ったとき、これとは真逆のタイプのお父さんに出会ったことがあります。

お父さんは東大を卒業していて高学歴でしたが、子どもに対して、

「**こんな簡単な問題もできないの？**」

などと口にしてしまうタイプでした。お父さん本人としては、悪気があっての発言ではなく、本人にもっと奮起してほしいと願ってのことなのでしょうが、やはり男の子は萎縮

してしまっていました。

お父さんは、子どもに気持ちの余裕をもたせなければなりません。「お父さんが大丈夫と言っているんだから、大丈夫なんだ」と思わせるような言葉かけを心がけましょう。

親が高学歴でなかった場合でも、お父さんは尊敬させたほうがいい、といえます。たしかに、「うちのお父さんは大学受験に失敗した人」などと、子どもがバカにするような態度をとるようになったら問題です。

親をバカにした男の子は、世の中をもバカにするようになり、結果的に社会で生きていくのが難しくなることもあります。

学歴にかかわらず、父親には「威力」が求められます。別に子どもをどなったりするのが威力ではありません。演技でかまわないので、ある程度「お父さんはすごい。頼もしい存在でもあるけれど、怖い存在でもある」と思わせておくのです。

昔の家庭では、子どもが道を踏み外しそうなときに、お母さんが「お父さんに言いつけるよ」と切り出すと、「お父さんにだけは言わないで」と言って、子どもが言うことを聞いたものでした。

お父さんを「伝家の宝刀」のように持ち出すと、子どもが思わず背筋を伸ばす。男の子のしつけを考える上でも、そうしておくことに意味があるのです。

あえて親の学歴にふれる

前項の内容とは矛盾するようですが、親が低学歴や出世できないことをタブーにして威厳をもたせるくらいなら、いっそ隠さずに正直に伝えたほうがよいと思います。

これは実際に私自身が、母親から、「お父さんは学歴がないから出世できないでしょ。あんな理不尽な目にあいたくなかったら勉強しなさい」と言われ続けてきた体験に基づいています。

母親によれば、父は学閥の強い会社に勤め、閥から離れた大学の出身であったために、出世は絶望的であるとの話でした。

父親自身、二言目には、「ほんまやったら部長になれるはずやのに、出世しているのは、みんな慶應やねん」などと家族の前でこぼしていましたから、私が本気にしたのも無理はありません。

一生懸命仕事をしても、学歴がないだけで認められないなんてひどい。僕は勉強していい大学に入らないといけない――そう思った私は、父親の恨みを晴らすような気持ちでいっそう真剣に勉強に取り組みました。

けれども、今にして思えば、私は母親にうまくだまされていたように思います。私たち兄弟に学歴をつけたいとの一心で、母は「父親が学歴のせいで出世できない」というストーリーを考え出し、それに父親も乗っかっていただけなのかもしれません。

実際には、父と同じ大学を卒業した人が出世しているケースもありましたし、父が遅くに帰宅する理由の大半は、実のところ麻雀だったからです。

私の父についての真相はともあれ、「パパは学歴が負けてるせいで苦労してるから、おまえにはその苦労をかけたくないんだ」などと、正直に言って奮起を促したほうが子どもも納得しやすいものです。

東大に入学後、まわりを見渡してみると、〝親のようになりたくない〟というモチベーションで努力した私のような学生だけでなく、親を尊敬しながら勉強した学生もたくさんいました。どちらが正解というわけではなく、どちらが有効なのかは、子どもの性格によるのだと思います。どう働きかけるべきかは、ケースバイケースですが、お父さんの存在自体を否定しなければ、子どもの父親に対する尊敬は薄れないはずです。

こう言おう！

「勉強しなかったから、今、お父さんは苦労してるよ」

習い事は、とにかくたくさんやらせてみる

男の子に習い事をさせると、心の成長面でプラス効果が得られます。サッカーにせよ、水泳にせよ、習っている子と習っていない子を競争させれば、前者が勝つに決まっています。特に幼稚園から小学校にかけては、習い事の効果は絶大です。

少なくとも、たとえば水泳を習っておけば、「お前はかなづちだな」などと周囲からはやし立てられる心配はありません。いじめられたり、コンプレックスを抱えたりする心配もなくなるのですから、子どもが嫌がらない限りは習わせたほうがいいに決まっています。

何度も繰り返しますが、男の子は競争に勝つことで負けん気を養い、自信を培っていきます。習い事を通して「これは誰にも負けない」という分野が見つかれば、子どもの心は強くなっていきます。

一言で「習い事」といっても、文化系と運動系に分かれますし、運動系には格闘技や球技など幅広いジャンルがあります。親の多くは「どんな習い事をするとメリットがあるのか」に意識を向けがちですが、子どもに習い事を押しつけるのは考え物です。

子どもにもっとも合った習い事を、親子で一緒に探してください。適正がわからなけれ

ば、何種類でも見学や体験の機会を使って教室に行ってみればよいのです。子どもが関心を示したら数回続けさせ、適性を見極めていきましょう。

「天才をつくる教育はできないけれども、天才を見つける教育はできる」という説があります。誰もがイチローや羽生結弦選手のような優れたパフォーマンスを発揮できるわけではありません。それでも、イチローは野球という競技に、羽生選手はフィギュアスケートに出合わなければ、才能を開花できなかった可能性があります。

もちろん天性の身体能力で、どんな競技をやらせても活躍はできたでしょうが、他の競技でも超一流になれたかどうかは疑問です。つまり、天才が生まれるのは、親がいくつもある種目の中から、子どもに最も適した競技を始めさせたからです。

世の中には、イチローと同じくらいの野球の才能を持ち合わせていながら、野球にほとんど触れずに才能を埋もれさせた人が、きっと一定数存在するはずです。

子どもの才能を見つけるためには、とにかくたくさんの習い事をやらせて見極めるしかありません。天才を探す教育は誰でもできます。いくつもの習い事を試すのは大変でしょうが、将来を考えれば、これが一番効果のある方法なのです。

ただし、１つひとつについて真剣にやってもらうために、１度に習わせるのでなく、１つずつ試すのがいいでしょう。

睡眠は「健康管理」の基本

子どもの健康管理で気をつけるべきことの第一は睡眠です。中学受験をする小学生の中には、5時間程度の睡眠で頑張っている子もいます。頑張っている姿勢は否定しませんが、これが当たり前だと思ってはいけません。

そもそも、注意力や集中力を落とす一番の原因は睡眠不足です。

106ページで前述した陰山英男先生が、尾道の小学校の校長として赴任したとき、もっとも即効性のあったのが、睡眠を十分にとるように指導したことだといいます。

最近の脳科学の研究によると、睡眠時間が5時間以下になると、記憶力が大きく低下するとされています。また、海馬に入力された情報を側頭葉に転写して長期型の記憶にするのは睡眠時間中であることもわかっています。睡眠は記憶を定着させるために不可欠な時間なのです。

基本的に、小学生の子どもは6〜7時間は寝かせるべきです。低学年なら8時間は必要です。睡眠不足でもうろうとした状態では、脳は力を発揮できません。体も疲労回復ができませんから、当然、勉強の能率はがた落ちします。

生活サイクルが崩れないように、夜は決めた時間にはベッドに入り、朝はどんなに眠くても決めた時間に起きるようにしましょう。朝起きてから夜寝るまでのリズムを守ることで、勉強するときの集中力も高まり、テストでも力を発揮できるようになります。あらゆる入学試験は朝から行われますから、それに合わせて生活のリズムをつくってしまうのが得策です。

子ども自身が、夜遅くまで勉強しているから好成績を残していると実感している場合、「早く寝なさい」と言われてもなかなか納得はできないでしょう。もちろん睡眠時間には個人差があるので、何がなんでも7時間の睡眠をとらなくても大丈夫です。

ただ、テストの点数が悪かったときに「ひょっとしたら寝不足が原因かもしれないよ。寝不足だと記憶力が低下するっていうし」などと伝えて、睡眠をとるように誘導していくとよいでしょう。

あるいは風邪を引いたりしたタイミングで「無理して風邪を引くよりも、睡眠時間をたっぷりとるといいよ」などと優しく諭すのも1つの方法です。

こう言おう！

「ひょっとしたら、寝不足が原因かもしれないよ」

親が「勉強している姿」を見せる

私は、知識人や学者たちを肩書きだけでは評価しません。「東大教授」になった瞬間から、1秒たりとも勉強をしなくても東大教授で居続けられ、そして信じられないことに、実際にそうやって恥も外聞もなく生きている人が一定数いるという事実を知っているからです。

私は仕事で出会った人が勉強しているかどうかを知るために、その人のお子さんの学歴を尋ねてみることがあります。 この方法は意外に有効で、私が尊敬する人に聞くと、確かに子どもも勉強熱心で学力が高く、学歴にも反映されているケースが多々ありました。

これは、一概に「遺伝のせい」と断定できません。その証拠に、たとえ親が大学教授であっても、子どもが勉強できないケースがたくさんあります。よくよく話を聞くと、案の定、親が教授になってから論文を書いていなかったり、最新の知見に無知だったりするのです。

子どもは、勉強熱心な親の背中を見て、自分も勉強に励むようになります。親が勉強熱心であれば、家には当たり前のようにたくさんの本が置いてあります。そういった環境を背景に、子どもが熱心な読書家になる可能性も十分に考えられます。これを外から見た人が「遺伝のせい」と考えているだけなのです。

すべてがそうだとは断言しませんが、かなりの確率で親の勉強意欲と子どもの学歴は相関していると思います。

子どもに自分から勉強してほしいと考えているのなら、まずは親自身が自ら机に向かっている姿を見せるべきでしょう。

親が月に1冊も本を読まずに、テレビやネットに興じるような毎日を過ごしながら、子どもに「勉強しなさい」といったところで、説得力に欠けるのは当然です。

部屋には本がたくさんおいてあり、親が読書に勤しんでいる姿を見れば、子どもも読書に興味を持つでしょう。ダイニングテーブルの上に、常に読みかけの本が置いてあれば、読書は生活の中で当たり前の行為となります。知らないことがあれば、図鑑やインターネットで調べる姿を見せるのも効果的です。

私の実感では、今、3分の2近くの大人がまったく本を読んでいません。読書をしているだけでも、子どもに好影響を与えられる時代です。押しつけにならない範囲で親の本を貸したり、子どもにお勧めの本を紹介してもらったりするのもおすすめです。あるいは、机に向かって仕事をしている姿を見せるだけでも、子どもは机に向かうことに抵抗がなくなるはずです。

インターネットはリビングで見せる

私は、子ども部屋にネット環境を整えたり、小学生くらいの子が自由にスマホを使ったりすることには反対です。

最近は、子どもでも当たり前のようにインターネットに接する時代です。職場では、年長者よりも新入社員のほうが、デジタル機器の使い方やＳＮＳの作法を熟知しているような状況です。

とはいえ、時代の流れだからといって、野放図に子どものインターネット利用を許してよいわけではありません。

警視庁の調べによると、出会い系サイトやコミュニティサイトを悪用した犯罪の被害にあった18歳未満の子ども（児童）の数は、平成27年に１７４５人となっています。なかでも深刻なのは、児童ポルノ、児童買春などの被害です。被害にあっているのは女子が中心ですが、男子が被害者となるケースも報告されています。

また、インターネット上で悪口や無視、仲間はずれなどを行う、いたずらをＳＮＳに投稿するなど、自分の子どもが加害者になる可能性もあります。

こうしたトラブルのほかに私が問題視しているのは、フェイクニュース（虚偽の情報でつくられたニュース）を、子どもが鵜呑みにしてしまう事態です。

明らかな有害情報よりも、もっともらしいフェイクニュースと距離をとるほうがはるかに困難です。実際に、フェイクニュースを鵜呑みにして間違った情報を拡散している大人が多数いるのですから。

普段、ネット犯罪などのトラブルには気をつけていても、細かなネット情報の真偽にまでいちいち注意を払ってはいないのが実情でしょう。

そのなかで、親は子どもにネット情報の使い方を教える必要があります。たとえば、テレビのコメンテーターが「最近、少年犯罪が増えていますね」などと発言したときに、目の前で統計を検索して、「ほら、少年犯罪は減っているよね。あの人は勉強不足だね」などと教えるのです。これで父親の権威は増すはずです。

そのためには、ネットにつながるパソコンはリビングに置き、親子で一緒に検索しましょう。スマホの充電もリビングで行うようにして、スマホも親がいるときリビングで使うのを原則にしてください。

「リビングで勉強する子」は本当にできる子？

かつては、子どもに静かな個室の勉強部屋を与える考えが主流でしたが、近年は、リビングで勉強をさせる家庭が増えています。

個室では、子どもがスマートフォンでYouTubeを見続けたり、ゲームに夢中になったりする可能性もありますから、リビングルームでの勉強には一理あります。

リビングに大きめのテーブルを置いて、お父さんが読書をするのと一緒に子どもが勉強するのもよいでしょう。あるいは、お母さんが料理をつくっている間、ダイニングテーブルで勉強するのも有効です。小学生のうちは専用机をつくらずに、親の目の届くところで、勉強を習慣づけるのはおすすめのやり方です。

ただ、教育雑誌などで「リビングルームで勉強したら東大に合格した」といった記事に影響されて、リビングルームありきになってしまうのは問題です。

大切なのは、子ども本人が一番勉強しやすい環境を探すことです。 1人きりのほうが勉強に集中できる子もいれば、図書館など人が周囲にいる環境のほうがやりやすい子もいます。極端にいえば、歩きながらのほうが物事を覚えやすい子もいるでしょう。いろいろな環境での勉強を試した結果、リビングがベストというのであればリビングで勉強するのが最善の選択です。

なお、子どもに勉強部屋を与える場合、子ども部屋は勉強と寝るためのものであることを徹底しましょう。

パソコンやテレビ、ゲームなどはすべてリビングに置きます。それらを使いたいときはリビングに出てくるというルールをつくるのです。勉強部屋に入ったら、いったんゲームなどで遊び、気が向いてから勉強するというスタイルでは、当然勉強時間は減少しますし、集中力もつきません。


もっと理想を言えば、勉強机とベッドは同じ部屋に置かないほうがよいでしょう。勉強に集中する時間と、休みを取る時間を分けるためです。


ただ、住宅事情によってはなかなか難しいのが現実です。そこで、たとえば子どもが2人以上いる場合は、寝室と勉強部屋を分ける方法もあります。

いずれにせよ、子どもの勉強環境づくりにおいては、子どもの特性を知るのが大前提です。特性を知らずに、１つの手法に流されるのは怠慢といえます。

しつけを通じて子どもを育てる

しつけとは、家庭や学校、さらに社会で生きていくときに必要な一般道徳やルール、礼儀やマナーを身につけ、守るようにさせる教育を意味します。家庭内でのしつけを通して、子どもは社会の一員としての自覚を持つようになります。

しつけの基本は、「やってよいこと・悪いこと」の区別です。子どもだからと甘やかすのではなく、大人と同様に社会のルールは守らなければならないと、しっかり伝えていきましょう。

私自身、母親からは礼儀や言葉づかい、ルールを厳しくたたき込まれた記憶がありま す。たとえば、**私は小学1年生のころから電車内で座ることは許されませんでした。**座席はお年寄りや体が弱い人に譲りなさいと教えられていたのです。

また、電車内などの公共の場では、大声ではしゃぐのも厳禁でした。他人に迷惑がかかるからです。ルールを破ったときには、人前であろうが厳しく叱られました。

「法律で決められたことは絶対に守らなければならない」ともよく言われました。子どもは法律上の責任は問われませんが、社会の一員であることに変わりない。だから、当然、決められたルールを犯してはならないというわけです。

私が灘中に通っていたころ、一部の生徒の間で弱い者いじめが流行りました。私自身いじめの標的にされたこともありましたが、自分がいじめに加担しようとは思いませんでした。母親からやってよいことと悪いことを厳しく教えられていたからです。

今にして思えば、母親からきつくしつけられたことに非常に感謝しています。

大人になってから仕事ではいろいろな人に会う機会が多いのですが、礼儀やマナーを守れば恥をかくことも迷惑をかける心配もないとわかっているので、臆せずに人と接することができます。

もし甘やかされて育ったら、社会に出てから手痛い失敗をして、人と会うのが怖く感じるようになっていたかもしれません。ましてや、海外に出て生活するなど考えられなかったでしょう。

親からのしつけは、のちのちの子どもの生き方に大きな影響を与えます。ましてや気後れしやすい男の子が増えているのですから、きちんとしたしつけが必須なのは言うまでもないでしょう。

男の子の「やる気」を伸ばす褒め方

オーストリア出身の精神科医、精神分析学者であるハインツ・コフートは、親の反応によって人間の心に**「野心の極」**というものができるとの説を唱えました。

赤ちゃんがよちよち歩きをするようになると、親は「すごい、よく歩けたね！」などと褒めます。親が喜んで褒めてくれると、赤ちゃんは嬉しく感じて、「もっと頑張ろう」という原始的な野心を持ちます。これが「野心の極」であるとコフートは主張したわけです。

この原始的な感情は、子どもの自己肯定感にもつながります。ですから、親が子どもを褒めたほうがいいという説は、基本的に正しいといえます。子どもは親に褒められる経験を通じて、前向きな自信を持てるのです。

とはいえ、むやみやたらに褒めさえすればいいわけではありません。

子どもは、「ここを親に認めてほしい」という部分を持っています。その褒めてほしいポイントを見つけて、的確に褒める必要があります。

そもそも男の子は、女の子と比較すると多少鈍感なところがあります。女の子の場合、無理矢理褒めると「本当は全然すごいなんて思ってないのに、口先ばっかり」と敏感に察知して、かえって不機嫌になってしまうケースが多々あります。

これとは対照的に、**単純なタイプの男の子は、口先程度の褒め言葉でもその気になって、やる気になるケースがあるのです。**

とはいえ、そのやり方もいつまでも通用しません。精神的に成長していくにつれて、見え透いた褒め言葉は敬遠される日がやってきます。

見当違いのポイントをやたらに褒めても、子どもは「そんなところを褒められても嬉しくない」「そんなのは関係ないのに」と思い、たちまちやる気をなくします。

ですから、やはりただ褒めるのではなく、子どもの行動をよく見て、きちんと褒めポイントを探してあげるべきです。

減点主義で子どもを見ている親は、褒めポイントを探すのに苦労します。加点主義のスタンスを意識して、子どものいいところを見つけ出しましょう。

「前のときよりも、ここがよくなったね」

「こんなことができるなんて知らなかった。すごい！」

このように実感のこもった褒め言葉を投げかけてください。


こう言おう！

「前よりも〝ここ〟がよくなったね」

「結果」は叱らない。その後の「行動」を叱る①

男の子を褒めるときには、ほかにも大切な要素があります。結果がよかったときには無条件に褒めるということです。

私は、京都大学大学院教授（当時）で教育心理学者の子安増生先生から「結果を褒めて、行動を叱る」というお話を聞いて、深く同意したことがあります。

子どもが勉強をまったくやっていないように見えたとしても、成績が良ければ、何はともあれ褒めてあげるべきです。

結果オーライで喜んでいる子どもを見たときに「成績がよかったからといって、調子に乗るなよ」などと説教をしてしまいがちですが、それは絶対に避けてください。

勉強をしていないように見えても、何らかの努力や工夫をしている可能性はあります。

ですので、とにかく結果を認めて褒めるべきです。褒められると、子どもは嬉しくなります。そして、次はもっといい成績を残そうと努力します。結果重視にすると、子どもは効率的な勉強法を工夫するようにもなります。

なお、褒めるときに余計な一言を言うのもやめましょう。

たとえば、成績が良くなった子どもに対して、次のようにたしなめてしまう一言です。

「勉強はできるけど、なかなか友達ができないな」

「スポーツも、もっとできるといいよね」

親としては、子どもを心配に思うあまり口にしてしまう一言ですが、結果的に逆効果にしかなりません。

子どもは「どんなに頑張ってもどうせケチをつけられて認められない」と受け止め、それ以上やる気を起こさなくなってしまいます。

子どもに完璧を求めるのは間違っています。子どもは何でもかんでもできるわけではありません。まずは、目の前の結果にだけ注目して褒めましょう。

子どもを喜ばせて乗せる、という原則を踏まえた上で、「他のことも、やればできる」と自信をつけさせるのは、よいと思います。

「こんなに点数が上がっているんだから、スポーツもできるようになるはずだよ」

「他の教科は結果が出ているから、算数も自信を持っていいんだよ」

などとポジティブな言葉をかけると効果的です。

こう言おう！

「テストの点数が上がったね。すごいね！」

「結果」は叱らない。その後の「行動」を叱る②

私は、テストの成績が悪かったときは、「結果」を叱るよりも「その後の行動」を叱ったほうがよいと考えています。結果が出なかったときに、子どもを叱ってはいけません。

そうでなくても、男の子は結果を受け止めてへこんでいることが多いものです。そこで「なんでこんな問題もできないの⁉」などと追い討ちをかけるように一方的に叱ったら、男の子はさらに落ち込んで勉強嫌いになるだけ。いったん「勉強＝不快なもの・叱られるもの」とすり込まれると、それを払拭するのは非常に困難となります。

つい感情的に叱ってしまうのは、多くの親に共通する悩みです。**感情的な叱責は、親の自信のなさの裏返しです。**問題を抱えているのは、結果だけを見てパニック状態になる親自身である。その事実をまず理解してください。

褒めるときは「結果」を褒め、叱るときは「行動」を叱る、が鉄則です。

仮にテストで0点をとったとしても、結果には目をつぶりましょう。

「0点」という結果そのものは、何をしても覆ることはありません。変えられないものを叱っても、どうにもならないのです。それよりも、結果を踏まえて次回に向けた修正を行うべきです。

0点をとったにもかかわらず宿題に取り組もうとしない、ゲームで遊ぶばかりで勉強をしていない。叱るべき対象は、こういった修正可能な「行動」です。

「毎日勉強をする約束をちゃんと守らなきゃダメだったよね」

このように、「行動」に着目して叱るだけでなく、「こうすればできるようになるよ」とアドバイスすることも大切です。結果が悪い場合は、勉強不足かやり方に問題がある可能性が大です。行動（やり方）を変えれば、次回の結果が変わる確率は高くなります。

また、失敗から学ばせることも意識しましょう。最初の失敗は叱らずに、どうすれば次に失敗しないかを親子で確認します。それでも同じ失敗を繰り返したときには、叱ってもかまいません。

「この間違いは、前と同じところだよね。同じ間違いを繰り返すのはダメだよ」

「ここは、どうすればいいんだった？」

失敗から学ぶ力は、勉強はもとより、人生を生きていく上で間違いなく役立ちます。

こう言おう！

「毎日勉強をする約束をちゃんと守らなきゃダメだったよね」

男子がやる気をなくす「3つの叱り方」

ここで男の子の「やる気を失わせる叱り方」をまとめてみましょう。

①皮肉や嫌みを言う

「一度でもできた、ためしがあるの？」

「ちょっとできたくらいで偉そうにして……」

といった嫌みや皮肉を言うとき、**親は感情的になっています。**

「しっかりやろう」と普通に言えばいいのに、イライラが抑えきれないのでしょう。

親が一方的に強くて子どもが逆らえないような関係のとき、皮肉や嫌みを言われると、子どもは親の愛情を感じることができず、恨みを持つようになります。

②問い詰める

「なんでこんな簡単な問題ができないの？」「どうして同じところで何度も間違うの？」などと、問い詰められると、子どもは答えに窮します。理由がわかっていれば、すでに実行しているわけですから、無意味な質問です。それに、**過去は変えようがありません。**

親としても、子どもの回答が聞きたいわけではなく、ただ感情的に叱っているだけのケースがほとんど。これでは、**言い返す力のない男の子は、萎縮するに決まっています。**

失敗の原因を確認するのがいけないわけではありません。失敗の原因を探り、次の機会に生かすスキルは、社会に出てからも確実に役立ちます。

子どもが自分で失敗した理由を探して改善するのが理想ですが、現実にはそこまで考えられないことも多いので、親が手助けをしましょう。「ここで計算の手順を間違っているんじゃないかな？」など、仮説を立てて一緒に検証していきましょう。

③否定する

「まったく、何度やってもダメだな」「本当にどうしようもないね」のように、頭ごなしに否定的な言葉をかけるのは絶対に避けるべきです。キツい言葉に発奮できるのは、もともと自己評価の高い子だけ。**できない子にできないと言ったら、決定的に自信を喪失します。**

どうしてもできないときには、「徒競走はダメだったけど、勉強で頑張ればいいんだよ」のように、ほかに勝つ可能性を示せば、子どもは自信を持ちます。

「依存症の恐ろしさ」を理解する

日本社会で私が大問題の1つだと考えているのが、依存症を意志の問題として、個人に責任を押しつけているところです。

先進国で、アルコール飲料のテレビコマーシャルを何の制限もなく放映しているのは日本くらいです。少なくとも、アルコールを飲んでいるシーンは放映できないのが世界の主流です。

世界保健機関（WHO）の総会では、2010年に「アルコールの有害な使用を減らすための世界戦略」が採択され、酒の安売りや飲み放題、広告の規制が謳《うた》われています。

日本では、ビールをゴクゴクと飲む効果音や喉元のアップは自主規制されていますが、アルコールのコマーシャル自体は当たり前のように放映されています。お金儲けのためなら、人が何人病気になろうが命を落とそうが知ったことではないのでしょう。

テレビを見れば、アルコールに限らず、パチンコ、ゲーム、スマホなど依存性の高い商品のコマーシャルが目立ちます。

つまり、もはや日本は依存性の高い商品を売ることでしか食べていけない国ということです。企業にとっては、当然どんどん依存症になってもらったほうがありがたいわけで、その広告収入で社員の高給をまかなっているテレビ局に、依存症の恐ろしさを報じるのを期待するほうが無駄というものです。

未成年に飲酒や喫煙を禁じているのは、健康を守る意味もありますが、それ以上に、成熟していない脳が依存症になりやすいことがわかっているからです。

ところが、それほど危険な依存症のリスクが高いにもかかわらず、野放し状態なのがスマホやゲームなどです。

今、子どものまわりには、ゲームやインターネット、スマホといった依存性の高いアイテムがたくさんあります。

実際、あまり声高に報じられていないだけで、すでにスマホやゲーム依存に陥っている子どもは、数百万単位だという推計もあります。

依存症は、「それをしたい」という欲求が抑えられなくなる心の病気であり、医療機関でも治療するのは簡単ではありません。

ですから、親が「ゲームばかりしていると成績が落ちるよ」などと諭したくらいでは、依存を解消するのが難しいのも当然です。ゲームやスマホがやめられないのは、ただただ意志が弱いから。そう片付けるのではなく、依存症は病気として対策を考えるべきです。

ゲーム・スマホ依存の対処法

子どものゲーム依存などをストップするには、依存している行為そのものを止めるのが一番です。「ゲームをしていいのは1日1時間まで」などと親子でルールを決めて、そのルールをきちんと守らせます。

「10分くらいオーバーしても、まあいいだろう」
「今日は休日だから少しくらい甘くしてもいい」

こういった例外をきっかけに、ルールはなし崩しに壊れていきます。ルールは絶対に守らせようとするのが鉄則です。

親子できちんとルールを決めて、その時間を過ぎたらどんなにお願いされてもゲーム機を取り上げてしまうようにすべきです。依存の対象から離れている時間を長くすることで、依存症のリスクを下げることにつながります。

とはいえ、親が離れているすきにゲームを始めるなど、ルールを破ろうとするのもまた子どもの心理です。

私が医師として見習いをしていた頃、精神分析の先生から、

「子ども（特に思春期の子）は絶対にルールを破ろうとするものだ。だから、最初から破られてもいいようなルールをつくっておきなさい」

と教えてもらった経験があります。

たとえば、「門限は18時」というルールを決めたら、子どもはどうしてもルールを破ろうとします。子どもは親がつくったルールを破ることで、ちょっと大人になった気分を味わうからです。それも一面では子どもの成長であるといえます。

一方で、子どもはルールを破ったことに罪悪感も感じるので、親からこっぴどく叱られるとそれ以上のルール破りまでは犯しません。つまり、絶対に18時までに帰ってきてほしいなら、「門限は17時」というルールを設定して、ルールを破ったらキツく注意すべきというわけです。このように、破られてもいいルールをつくって、本当に守ってほしいルールを守らせるというのもテクニックです。

スマホに関しては、18歳までは親が契約しなければ子どもはスマホを持てないルールがあります。ですから、将来的にもスマホを持たせるのであれば、契約時に「ルールを破ったら契約を速刻、解除する」といった取り決めをしておきましょう。

なお、ゲームやスマホは親に隠れてやろうとすることもあります。「子ども部屋にはゲームを持ち込まず、リビングでやる」など、子どもとの間であらかじめルールを決めておくのを忘れないようにしてください。

ごほうびを与えるのは効果的？

子どものやる気を出させるために「〇〇を買ってあげるから」とモノで釣るようなやり方には否定的な声を聞きます。しかし、私はごほうびを悪いことだと考えていません。

確かに、何かごほうびを与えられないと勉強しないというのは問題です。そうではなく、努力への対価としてごほうびが得られるようにするのです。

子どもにとっても、頑張ったのを認めてもらった上でごほうびを得たほうが、達成感があります。むしろ、何もしないでただ欲しいものを次から次へと買ってもらうよりも、教育上の効果はあるといえます。つまり、ごほうびそのものが悪いのではなく、あくまでもやり方次第なのです。

大人の社会は、たくさん働けば報酬をもらえ、能力が高い人は高収入になるというシステムのもと成り立っています。

社会が頑張った対価として報酬を得る仕組みになっているのですから、子どもにもその仕組みを理解させることには意味があります。得たいものを手にするために、努力すればよいという信念を持てば、社会の中で活躍できるチャンスは増えるはずです。

「漢字を１００字書いたらお菓子を食べよう」

「10問の計算を30秒でクリアしたら、おかずはハンバーグ」

など、小学校低学年のころは、努力に対するささやかなごほうびを設定しましょう。

子どもに努力する姿勢が身についてきたら、「今度のテストで１００点とったら○○」のように、計画的な努力が必要な条件へと変えて、ごほうびも少し大がかりなものにします。あまりに安易な条件では努力につながりませんし、実現が困難な条件では挑戦する気すら起きなくなります。そのあたりは親のさじ加減にかかっています。

一夜漬けで１００点を取るのは難しいですから、子どもは結果に向かって計画的に努力します。この計画的な努力は受験を勝ち抜く上で不可欠な要素です。たとえ中学受験をしなくても、小学生のうちから養っておくのが理想です。

ただし、ごほうびはすべての子どもに通用するとは限りません。私自身、娘にごほうびを与えることがありましたが、下の子はモチベーションを上げる効果があったものの、上の子には通用しませんでした。男の子だからといって物欲がやる気につながる子ばかりではないので、タイプに合わせて判断してください。

こう言おう！

「漢字を１００字書いたらお菓子を食べよう」

偉人伝を読ませる

勉強に前向きな男の子を育てる方法の1つに、「偉人伝を読ませる」というものがあります。偉人伝には、誰よりも苦労をして、壁に突き当たりながらも、逆境を跳ね返して大成功した人物の逸話が魅力的に描かれています。

偉人伝から、子どもたちは「どんな境遇からでも努力次第で大成できる」「自分に与えられた環境を言い訳にしてはいけない」と学び取ります。

たとえば、世界的に有名な細菌学者である野口英世は、偉人伝に登場する代表的な人物の1人です。英世は、子どものころ囲炉裏に手を突っ込んで大やけどを負い、左手の指がくっついたままになるというハンデを背負ったことで、まわりの子たちからも馬鹿にされながら過ごしました。

友達に笑われるのがつらくなり、英世は学校も休みがちになりましたが、母親のシカさんは息子のやけどを悔いながらも「勉強してまわりを見返してやれ」と一生懸命励ましました。こうしたお母さんの温かい支えもあり、英世は細菌学者として世界に知られる存在に上ぼり詰めたのです。

最近の偉人伝には、英世の人間的にだらしない側面も書かれる傾向がありますが、男の子にとって、偉人としての地位が揺らぐわけではありません。

私自身、最近になってノーベル物理学賞を受賞した湯川秀樹博士の自伝を読み、改めてその偉大さを感じました。湯川博士は、42歳の若さでノーベル物理学賞を受賞してからも、地位に慢心せず、研究に生涯を捧げました。

湯川博士は「今、真実であるとされていることを信じるのは愚かであり、真実は常に塗り替えられるものだ」という趣旨の発言をしています。また、アインシュタインが関わる世界連邦運動に参加し、積極的に平和運動にも取り組みました。

ヒーロー好きの男の子は、こうした偉人たちのストーリーを読み、あこがれて医学や科学の道を選ぶ可能性もあります。

偉人の生き方がロールモデルになれば、「あの人のようになりたい」というイメージが明確になり、その理想に向かおうとするモチベーションも働きます。親自身が、本心から「世界の偉人って格好いいなあ」という発言を繰り返していれば、子ども自身の偉人に対するあこがれも生まれやすくなります。

「世界の偉人って、やっぱり格好いいね」

プレゼン力は家庭で伸びる

2020年度から大学受験にも面接やプレゼンテーションが導入されるのはすでにお話ししたとおりです。この新しい入試制度に対応する上では、早い段階から「表現する力」を鍛えておく準備が欠かせません。

自分の考えを適切な言葉にして発信する能力、つまりプレゼンテーション能力を身につける必要があります。

アメリカの小学校では〝ショー・アンド・テル（show and tell）〟という授業が行われます。これは自分が大切にしているおもちゃなどを自宅から持ってきて、みんなの前で紹介しながら、「どこがどのように素敵なのか」「自分はどのようなところが気に入っているのか」を説明するというものです。

アメリカの政治家などを見ていると、スピーチ力に優れている印象を持つと思いますが、これは子どものころから訓練を重ねているからにほかなりません。

どんなに知識にすぐれていても、それを発信できなければ宝の持ち腐れです。これから日本の教育も、先生から一方的に知識を学ぶだけでなく、自ら発信しながら答えを見つけていくスタイルに変わっていきます。

とくに、普通の人とは異なるユニークな視点から意見を言うスキルがあれば、大人になってから周囲の人から一目置かれ、仕事や私生活でも有利になります。

人前で上手に話せるかどうかは、経験や訓練が大きく作用します。女の子と比べてコミュニケーション能力に劣る男の子は、早いうちから取り組んでおくのがベストです。


家庭内でできることは、まずは短時間でも「プレゼンの時間」をつくることです。


好きなおもちゃやヒーローや動物など、テーマは何でもかまいません。親の前で、何がどう好きなのかを話してもらいましょう。最初はうまくいかなくても、責めたり揚げ足を取ったりせずに、話をしっかり聞くのが肝心です。

大人からすればつまらない話を繰り返し聞かされることにもなるので、親には子どもの成長を我慢して待つ姿勢が求められます。何度も繰り返していれば、子どもなりに「同じ話をするのはつまらない」「もっと楽しんでもらえるように話したい」と考えるようになります。動画などで記録をしておき、あとでどれだけ成長できたか、どうすればもっと上手に話せるのかフィードバックするのもおすすめです。

家事や片付けができる男子に

今の時代は、男の子にも掃除や洗濯、料理などの家事能力が求められます。広い意味での生活力を身につける上で、最低限の家事をこなせるようになっておくに越したことはありません。学校内でも「家庭科が得意な男子は格好いい」という風潮が浸透していますから、男の子が家事に取り組みやすい環境は整っています。

家庭内ではお手伝いを通じて、家事能力を身につけさせようとする親も多いと思います。ただし、お手伝いをさせたからといって、家事ができるようになるとは限りません。掃除も嫌い、ご飯をつくるのも嫌という子どもに無理矢理家事をやらせるのは、ただの強制であり、長続きもしませんし、かえって子どもの家事嫌いを助長するだけです。

掃除や片付けが苦手な男の子に対しては、頭ごなしに「掃除をしなさい」というのではなく、工夫の仕方を教えるほうがよいでしょう。

「100円ショップに行けばこういう便利な棚が売っているから、これを使って整理してみるのはどうかな?」

やり方さえわかれば、むしろ掃除や片付けにのめり込むタイプの男の子もいます。

また、子どものほうから積極的に家事を手伝いたいと言ってきたときは、手伝ってもらうのがよいでしょう。

「かえって洗濯物が汚れるから嫌だな」「食材が無駄になったら困るよ」などと言われれば、子どもが傷つくのは当たり前です。

子どもは基本的に大人になりたい生き物です。大人の真似をして一人前に家事をこなしたいというのは、「発達欲求」のあらわれです。自分も役に立ちたいと思っているわけですから、喜んで受け入れるのがベストです。

ただし、勉強が遅れていてお手伝いどころではないときは、「今はお手伝いよりも勉強のほうが大事なんだ」と、きちんと説得する必要があります。時間を区切って家事を手伝ってもらうなどの対処が考えられるでしょう。

また、子どもが料理をしたいのに、今は洗濯をお願いしたいときは、その旨をはっきり伝えてしまってかまいません。

社会は期待に応えながら、自分の仕事をつくっていく場でもあります。強制にならないように、親が上手にそのことを伝えていきましょう。

こう言おう！

「きゅうりを切る才能あるね！」

おわりに
子育てで「あきらめていいこと」は何もない

「子どもを勉強好きにさせる」とか、「自分から勉強するにはどうしたらいいか」などを私なりにあれこれ提言してきました。

納得していただけたものもあれば、「ちょっと違うんじゃないか」とか、「私には無理」と思われたものもあるかもしれません。

私は、これまで教育産業や医療にかかわってきて、最終的な人生観として、「結果がすべて」という考えをもつに至りました。「結果」に至るまでの「理論」に縛られるのでなく、あれこれ試してみて、「結果がよいほうがいい」という考え方です。理論どおりにやっていて、結果が悪ければ、何のための理論かわかりません。

ということで、私の提言にしても、「私の考えの信者になってほしい」という気持ちはなく、「これがダメならうちの子はダメだ」などと思わないでほしいし、次々と別の人の提言を試してほしいのです。本書で紹介した、東大理Ⅲに兄弟姉妹4人を全員合格させた佐藤ママは、まさにこのスタンスでした。

そもそも、勉強法にしても、子育てのテクニックにしても、知っているだけではまったく意味がありません。

私の読者の中には、私の本をたくさん読んで、受験テクニックの知識は誰にも負けないという人がいるそうです。著者としては、本をたくさん読んでもらうのはありがたいことですが、その親御さんから「あなたの本を子どもが読んで、成績が上がるどころか下がった！」とクレームがくることがあります。聞いてみると、私の本ばかり読んで実際に勉強をしない、やり方を試していないようです。当然ながら、これでは成績が上がるわけがありません。その人のアドバイスを聞いて、実際に私の勉強法を試した友達のほうは成績が上がったという、笑えない話もありました。

本は、読むだけではなく、実際に使えそうだと思ったら、ぜひ試してほしいのです。そしてうまくいかなかった場合は、別の「やり方」を試してほしいのです。

私の個人的な体験を分析すると、勉強のやる気を高めた最大の要因は、親に刷り込まれた「勉強ができると格好いい」という価値観、そして実際の成功体験でした。そろばんとその後の学習塾での体験です。前者の価値観は今もって続いています。

私の遠い親戚で、3人兄弟が全員東大に入ったという家庭がありました。ところが、そのお父さんが傲慢な人で、父親の兄弟は、まったく口を聞いてもらえませんでした（私が灘中に入ってから、初めて親戚づきあいをしてもらった記憶があります）。もちろんその一家は親戚中に嫌われ、「東大に入るような家は……」と言われていました。ところが、うちの両親だけは、その一家を手放しで尊敬していたのです。私も弟もその価値観に染まり、「東大に入る＝格好いい」と思い、それを実現させました。ちなみにその一家を悪く言っていた親戚に、東大はおろか、国立大学に入った人もほとんどいません。

県くらいの単位でそういうことが起こることもあります。

山口県は、長州時代から学問を尊び、戦後も岸信介、佐藤栄作のように東大史上にも名を残すような秀才を輩出し、多数の東大合格者を出す教育県として知られていました。ところが、エスカレーター式に大学に入学した政治家が県民の憧れになり、親が嬉々としてその政治家に投票する姿を子どもに見せるようになった結果でしょうか、高校生1000人あたりの東大合格者数は全国平均の3分の1のレベルにまで急落してしまいました。同じように福田赳夫、中曽根康弘を輩出し、北関東で一番東大合格者数の多かった群馬県も、世襲の私大卒の政治家ばかりが当選するようになると、茨城県の半分、関東で一番東大合格者数が少ない県になってしまいました（2013年から2017年の平均値「週刊朝日」調べ）。

もちろん、その政治家たちは東大に進学していなくても優秀なのでしょう。しかし、こと子どもの教育や、その動機づけということを考えると、東大卒が格好いい、勉強ができるほうが格好いいと思わせたほうが、確かだと思うのです。

短期間で、県単位の東大合格者数が大きく変わるくらいですから、勉強ができる・できないは、遺伝でなく「価値観」だと私は信じています。実際、山口や群馬の世襲候補は、遺伝なら東大に進学して当たり前の人ばかりなのですから。

子育てについて、「あきらめていいこと」は何もありません。

夢と希望をもって、いいと思われることは何でも試してみることが、必ずいい結果をもたらすと信じています。

末筆になりますが、編集の労をとってくださった大和書房の藤沢陽子さんと渡辺稔大さんにはこの場を借りて深謝します。最近、韓国や台湾、中国などの近隣国に負けているとされる子どもの学力の回復の一助になったと感謝しています。

和田秀樹

和田秀樹 Hideki Wada

1960年大阪市生まれ。85年東京大学医学部卒業。東京大学医学部付属病院精神神経科助手、米国カール・メニンガー精神医学校国際フェロー、浴風会病院精神科を経て、国際医療福祉大学大学院教授（臨床心理学専攻）、川崎幸病院精神科顧問、一橋大学経済学部非常勤講師、和田秀樹こころと体のクリニック院長、保育園型英才教育「I&Cキッズスクール」総合監修。

また、映画監督として初作品『受験のシンデレラ』でモナコ国際映画祭最優秀作品賞受賞、同作品はNHKBSプレミアムでもドラマ化される。2012年『「わたし」の人生』、2014年『銀座並木通り クラブアンダルシア』が話題を呼ぶ。2018年春には『私は絶対許されない』が公開予定。

著書に『アドラ　流「自分から勉強する子」の親の言葉』『45歳を過ぎたら「がまん」しないほうがいい』『孤独と上手につきあう９つの習慣』（大和書房）、『「いい人」をやめる9つの習慣』『「あれこれ考えて動けない」をやめる９つの習慣』『「忙しい」「時間がない」をやめる9つの習慣』(だいわ文庫)、『感情的にならない本』（新講社）など多数ある。

編集協力　渡辺稔大

「自分《じぶん》から勉強《べんきょう》する子《こ》」の親《おや》の言葉《ことば》　男子編《だんしへん》

2017年11月１日　第1刷発行
2017年11月25日　第2刷発行

著　者　和田秀樹《わだひでき》
発行者　佐藤　靖
発行所　大和《だいわ》書房
東京都文京区関口1-33-4
電話　03-3203-4511

カバーデザイン　小口翔平＋上坊菜々子＋三森健太（tobufune）
イラスト　小幡彩貴
本文デザイン　荒井雅美（トモエキコウ）
本文印刷所　シナノ
カバー印刷所　歩プロセス
製本所　ナショナル製本

ISBN978-4-479-79615-2

http://www.daiwashobo.co.jp